세상에서 가장 쉬운 네이버 블로그 글쓰기

NAVER
blog .ZIP

수상한 노마드 지음

MZ세대가 꿈꾸는
파이어족으로 성공하기

· 집에서도 쉽게 할 수 있는 인생의 터닝 포인트 만들기
· 세상에 공개하지 않았던 네이버 블로그 글쓰기 비법, 수익화 방법 공개
· 블로그 글쓰기 잘하는 방법, 좋은 주제 및 유형별 소재 찾는 노하우

와우라이프

세상에서 가장 쉬운 네이버 블로그 글쓰기

NAVER blog.ZIP

인　　쇄	2022년 4월 18일 초판 1쇄 인쇄
발　　행	2022년 4월 25일 초판 1쇄 발행
저　　자	수상한 노마드 지음
발 행 처	와우라이프
발 행 인	임창섭
주　　소	경기도 파주시 송화로 13 122동 19층 1901호(아동동, 팜스프링 아파트)
전　　화	010-3013-4997
팩　　스	031-941-0876
표지 · 편집	포인기획
등록번호	제406-2009-000095호
등록일자	2009년 12월 8일
이 메 일	limca1972@hanmail.net
I S B N	979-11-87847-12-0 13000
정　　가	15,000원

세상에서 가장 쉬운 네이버 블로그 글쓰기

NAVER blog .ZIP

수상한 노마드 지음

와우라이프

운명처럼 찾아온 블로그 글쓰기

대학교를 졸업하고 지인과 함께 일주일간 베트남 여행을 다녀와서 직업상담사 2급 시험 준비를 했다. 빨리 취업을 해야 했기에 직업상담사 2급 자격증 취득은 너무 간절했고 꼭 취득해야 하는 자격증이었다. 다행히 운이 좋게도 한 번에 시험 합격을 하고 직업상담사 2급 자격증을 취득했다.

하지만, 그렇게 원했던 자격증을 취득했음에도 불구하고 지금 나는 전혀 다른 길을 가고 있다. 한편으론 허무하다는 생각이 들 정도다. 분명 원하는 것을 손에 쥐었는데 막상 다른 것이 하고 싶어졌다. 문득 글을 쓰고 싶다는 생각이 들었다. 일기장에 글을 쓰기는 싫었고 어디에 글을 쓰면 좋을까 찾아보던 중 블로그에 글을 쓰면 좋겠다고 생각했다.

책상 앞에 앉아 블로그에 글을 쓰기 시작했다. 소재도 없었고 어떻게 글을 써야 하는지 몰랐지만 생각나는 대로 적었다. 직접 경험한 것이 있으면 과감하게 소개했고 맛있는 음식을 먹고 나서 리뷰를 적기도 했다. 생각보다 블로그 포스팅은 어렵지 않았다. 오히려 유튜브 했을 때보다 재미있었고 평소에 글 쓰는 것을 좋아해서 그런지 블로그 포스팅은 하루를 살아가는 원동력이 되었다.

그 당시는 떠오르는 생각을 필터링 없이 블로그에 썼다. 그러자 많은 사람들이 이웃 신청을 했고 이웃들과 적극적으로 소통을 했다. 시간 날 때마다 이웃들의 블로그에 방문해서 글을 읽고 공감을 누르고 댓글을 달았다. 블로그 하는 재미를 느낄 수 있었다.

이웃들과 소통을 하자 놀라운 일이 벌어졌다. 직접 블로그 이웃들을 만나게 된 것이다. 부산, 대구, 서울에서 블로그 이웃들을 만났다. 블로그 이웃 중에서는 디지털노마드로 살아가는 사람들이 많았다. 참 신기했다. 그들과 생각을 나누고 목표를 향해 함께 나아간다는 것이 정말 기뻤다.

주위에 좋은 사람들이 있으니 삶도 달라졌다. 항상 부정적이었는데 조금씩 긍정적으로 바뀌기 시작했고 블로그 글쓰기를 꾸준히 지속하는 원동력이 되었다.
꿈과 목표를 응원해주는 사람들이 있었기에 지치지 않고 목적지를 향해 나아갈 수 있었다. 블로그를 통해 얻은 가장 큰 수확이 아니었을까 싶다.

블로그를 통해 인생에서 많은 기회를 얻었다. 블로그를 하지 않았다면 좋은 기회는 찾아오지 않았을 것이다. 블로그로 인생의 기회를 만들었으면 하는 마음에서 책을 집필하게 되었다. 블로그를 하면 지금까지 몰랐던 세상을 알게 된다. 그리고 새로운 인생이 시작된다.

블로그를 본격적으로 하고 싶은 생각이 들었는가? 책에서 소개하는 내용이 많은 도움이 될 것이다. 블로그를 시작하기 전 동기부여부터 운영법, 글쓰기, 브랜딩, 수익화, 마케팅, 키워드에 대해 상세하게 언급했다. 블로그를 처음 시작하더라도 어렵지 않게 이해할 수 있을 것이다.

블로그를 오랫동안 하면서 꿈이 생겼다. 사람들이 블로그 글쓰기를 지속하고 원하는 목표를 이뤘으면 좋겠다는 간절한 꿈이다. 원하는 목표는 사람마다 다를 것이다. 중요한 것은 블로그 글쓰기를 지속하면 꿈을 이룰 수 있다는 것이다. 블로그의 세계는 지금까지 살았던 삶과 완전히 다르다. 더 넓은 세상에서 살아가고 싶다면 블로그는 꼭 해야 한다.

운명처럼 찾아온 블로그 글쓰기가 당신의 인생을 바꿔놓을 것이다. 포기하지 않고 블로그 글쓰기를 꾸준히 지속한다면 삶이 분명 바뀔 수 있다. 미처 몰랐던 더 넓은 세상으로 들어가자.

저자 올림

프롤로그 _운명처럼 찾아온 블로그 글쓰기   004

Part 01 블로그 글쓰기와 첫 만남

01 왜 블로그 글쓰기인가?   _014

02 블로그 글쓰기에 정답은 없다   018

03 블로그 글쓰기의 단짝은 콘텐츠   _021

04 1일 1포스팅이 어려운 이유   024

05 블로그를 하는 목적을 정하라   026

06 사람들이 자주 찾아오는 블로그   031

07 모두를 만족시키는 글을 쓰지 말라   035

08 일단 시작하라   037

     POINT : 반응이 좋은 글 vs 반응이 나쁜 글   039

Part 02 블로그 글 매력적으로 쓰는 방법

01 글의 제목을 매력적으로 지어라   042

02 글의 초반에 승부를 걸어라   046

03 글을 최대한 쉽게 적어라   050

04 인용구와 구분선을 활용하라   052

05 중요한 단어, 문장을 강조하라   055

06 링크를 적재적소에 활용하라   057

     TIP : 글에 링크 넣는 방법   _058

     TIP : 이미지에 링크 넣는 방법   _059

     TIP : 이미지에 전화번호 링크 연결하는 방법   _060

07 이미지는 무조건 필수로 넣어라   _061

08 생동감을 원한다면 스티커를 넣어라   063

09 경험, 스토리를 자연스럽게 적어라   _065

10 핵심 메시지를 기억하고 글을 써라 _067

POINT : 키워드와 상위노출의 연결고리 _068

POINT : 블로그로 퍼스널 브랜딩 하는 방법 _071

Part 03 블로그 글쓰기로 쓰면 좋은 주제

01 부족하지만 반드시 극복하고 싶은 것 _076

02 나에게 지금 가장 필요한 책 서평 _078

03 목돈 굴리는 과정 _080

04 버킷리스트 _082

05 자격증 준비 과정 _084

06 자기계발 _086

07 블로그 기능 _088

08 취미활동 _089

09 최고의 장점 _090

10 어플 소개 _091

11 쉽게 배우는 방법 _093

12 인생에서 가장 ~했던 순간 _095

13 돈을 주고도 못 바꾸는 경험 _096

14 현재 공부, 교육, 연구하는 분야 _097

15 늘 미뤄왔던 것 _099

16 스스로 찾는 맛집 탐방 _101

17 며칠 만에 끝내기 _102

18 플랫폼 도전기 _104

19 현재 하고 있는 사업 _105

20 블로그 성장 과정 _107

TIP : 블로그 글쓰기로 쓰면 좋은 주제 추가 리스트 20개 _108

Part 04 **창의적인 블로그 글쓰기 소재 만드는 방법**

01 유튜브 _112

02 예능프로그램 _114

03 책 _116

04 재능 마켓 전자책, 강의 _118

05 블로그 검색유입 _120

06 다른 사람들의 블로그 글 _124

07 자동완성서비스, 연관검색어 _126

08 카페, 음식점 특이한 메뉴 _128

09 인풋을 아웃풋 하기 _130

10 미리 찍어놓은 사진 _132

POINT : 창의적인 블로그 글쓰기 소재 만드는 원칙 3가지 _134

POINT : 창의적인 블로그 글쓰기 소재 만드는 습관 3가지 _136

TIP : 창의적인 블로그 제목 만드는 표현 20가지 _138

Part 05 **블로그 글쓰기가 쉬워지는 간단한 공식**

01 블로그 글쓰기 전 운영 방향을 정하라 _142

02 블로그 글은 아침에 써라 _145

03 블로그 대본을 써라 _148

04 강-약-중의 법칙을 기억하라 _151

05 혈액 순환을 위해 일상 글을 적어라 _153

06 블로그 글쓰기 소재는 평소에 찾아라 _155

07 1일 1포스팅은 역산법과 유한법을 기억하라 _157

08 구색을 갖춘다고 생각하라 _160

09 컨셉을 잡아 드라마 형식으로 글을 써라 _162

10 블로그를 통해 꿈꾸는 삶을 생각하라 _164

POINT : 저품질 고민하는 시간이 가장 아깝다 _166

POINT : 블로그 글쓰기로 인생의 기회 만드는 방법 3가지 _168

Part 06 블로그로 돈을 버는 방법

01 애드포스트   _172

02 전자책   _176

03 강의, 컨설팅   _179

04 스터디   _183

05 협업, 제휴   _186

POINT : 블로그로 돈을 버는 원칙 3가지   _190

POINT : 블로그 수익화에 도움 되는 마케팅 방법 6가지   _192

TIP : 블로그 서포터즈로 돈 버는 방법   _201

APPENDIX 부 록

01 블로그와 같이 운영하면 좋은 플랫폼   _204

02 블로그 방향성 정하기   _207

03 체험단 리뷰 작성하기 실전연습   _210

에필로그 _블로그 글쓰기를 통해 제2의 인생을 살다   _214

세상에서 가장 쉬운 네이버 블로그 글쓰기

와우라이프

세상에서 가장 쉬운 네이버 블로그 글쓰기

NAVER blog **.ZIP**

PART 01

블로그 글쓰기와
첫 만남

01 _왜 블로그 글쓰기인가?

02 _블로그 글쓰기에 정답은 없다

03 _블로그 글쓰기의 단짝은 콘텐츠

04 _1일 1포스팅이 어려운 이유

05 _블로그를 하는 목적을 정하라

06 _사람들이 자주 찾아오는 블로그

07 _모두를 만족시키는 글을 쓰지 말라

08 _일단 시작하라

     POINT : 반응이 좋은 글 vs 반응이 나쁜 글

01 왜 블로그 글쓰기인가?

블로그를 시작하면 글쓰기와 필연적으로 맞닥뜨릴
수밖에 없다. 왜냐하면 블로그는 이미지, 동영상보다 글이 중요한 매체이기
때문이다. 누군가는 블로그에 글을 써야 한다고 하면 벌써부터 좌절할지도
모른다. 하지만, 블로그 글쓰기는 생각보다 많은 기회를 가져다준다. 블로그
글쓰기를 하면 무엇이 달라지는 걸까? 블로그 글쓰기를 왜 해야 할까? 이제
부터 자세히 알아보자.

첫째, 블로그는 내가 몰랐던 세상을 알게 해준다.

블로그에 글을 쓰다 보면 내 글에 관심을 보이는 사람들이 서로이웃 신청
을 하게 된다. 서로이웃을 맺게 되면 이웃의 글을 빠르게 확인할 수 있다.

블로그 포스팅을 하면서 놀란 점은 정말 부지런한 사람들이 많다는 것이
다. 아침 일찍 일어나서 기상 시간을 블로그에 인증하기도 하고 책을 읽고
리뷰를 적는가 하면 블로그로 강의를 모집하거나 온·오프라인 모임으로 친
목을 다지는 경우도 많았다.

블로그를 시작하기 전에는 이러한 세상이 있는지 몰랐다. 세상의 모든 사
람들이 자격증, 토익 등의 스펙을 쌓고 취업, 결혼하고 잘 먹고 잘사는 것이
전부인 줄 알았다.

하지만, 블로그를 하고 나서 시야가 매우 좁았던 것을 알게 되었다. 블로그 포스팅을 하면서 전보다 더 부지런해졌고 온라인에서 만난 블로그 이웃들과 오프라인에서 만나면서 친목을 다지고 서로에게 긍정적인 영향을 주기도 했다. 블로그를 하기 전에는 획일화된 삶을 살았다면 블로그를 하고 나서는 생산적인 삶을 살고 있다.

둘째, 블로그는 포트폴리오가 된다.

블로그에 글이 차곡차곡 쌓이면 방문하는 사람들이 늘어나고 블로그의 영향력은 커지게 된다. 말로만 듣던 인플루언서가 되는 것이다. 콘텐츠가 다른 사람들에게 도움이 된다면 그 힘은 더 커진다.

회사에 취업하더라도 블로그를 운영한 경력은 차별화된 스펙이 된다. 보통 스펙이라고 하면 자격증 취득, 토익 시험, 학점을 떠올리기 쉬운데 여기서 경쟁력을 갖기는 쉽지 않다. 반면 크리에이터 시대에 블로그를 운영하고 있는 것은 큰 경쟁력이 되며 차별화된 포트폴리오가 된다.

셋째, 블로그는 기록으로 남는다.

블로그는 저장의 기능도 가지고 있다. 글을 한 번 써놓으면 없어지지 않고 블로그 내에 그대로 보관된다. 그래서 언제든지 전문성 입증이 가능하다. 구색을 갖춘 글을 꾸준히 적는다면 많은 기회를 얻을 수 있다.

넷째, 블로그는 시간이 적게 든다.

블로그 포스팅하는데 시간을 많이 잡아도 1시간 이내로 끝낼 수 있다. 이 말은 회사에 다니거나 육아를 하는 사람도 충분히 가능하다는 것이다. 블로그 글을 적을 시간이 없다는 것은 핑계에 불과하다.

아무리 바빠도 하루에 1시간만 글쓰기에 투자하면 된다. 야근을 해서 저녁에 블로그 글을 쓰는 것이 어렵다면 아침 일찍 일어나서 적으면 된다. 미라클모닝도 되고 얼마나 좋은가? 블로그는 유튜브에 비해 시간이 적게 들기 때문에 블로그 포스팅을 하는 데 문제가 없다. 불필요하게 낭비되는 시간부터 줄여보자.

다섯째, 블로그를 하면 다양한 도전을 할 수 있다.

블로그 포스팅을 꾸준히 하면 글쓰기 실력이 늘어난다. 단순히 글쓰기 실력만 향상되는 것이 아닌 자신감도 생긴다. 소비자에서 생산자로 삶이 바뀌는 것이다. 카카오 브런치, 전자책, 종이책, 유튜브, 강의, 상담 등에 자신감을 가지고 도전할 수 있다.

보통 많은 사람들이 블로그 포스팅을 하면서 전자책, 종이책에 도전한다. 블로그, 전자책, 종이책의 공통키워드는 '글쓰기'이기 때문에 전자책, 종이책 집필도 비교적 어렵지 않게 할 수 있다. 블로그가 하나의 연습 도구가 되는 것이다. 책을 집필하게 되면 전문가로 인정받기 때문에 강의도 할 수 있다. 하나의 연결고리가 되는 셈이다.

여섯째, 블로그는 인생에서 값진 기회를 가져다준다.

블로그 글을 꾸준히 쓰자 놀라운 변화가 나타났다. 종이책 출간, 외부 강의, 인터뷰, 온라인 동영상 촬영 제안이 왔다. 단지 블로그 글만 꾸준히 썼을 뿐인데 상상하지도 못한 기회가 찾아온 것이다.

다만 글이 누군가의 눈에 띄려면 꾸준히 적어야 한다. 그리고 남들과 다른 차별화된 정보, 노하우가 담긴 글을 발행해야 한다.

일곱 번째, 블로그로 돈을 벌 수 있다.

블로그로 돈을 버는 것은 모두 글쓰기와 관련이 있다. 애드포스트 수익이 많아지려면 글을 많이 적어야 하고 체험단을 하더라도 블로그에 리뷰 글이 많이 쌓여있어야 당첨될 확률이 높다.

제휴마케팅 또한 블로그에 글을 많이 적어봐야 어떤 방식으로 사람들을 유입시키고 상품 링크를 클릭하게 할지 알 수 있다. 블로그로 돈을 벌기 위한 전제조건은 목적에 맞는 블로그 포스팅을 꾸준히 하는 것이다.

왜 블로그 글쓰기를 해야 하는지 일곱 가지 이유를 들어 설명했다. 충분한 동기부여가 되었을 것이다. 강한 의지를 가지고 블로그 포스팅 계획을 세워 보자.

02 블로그 글쓰기에 정답은 없다

블로그를 하면서 꼭 알아야 하는 중요한 사실이 있다. 블로그 글쓰기에 정답은 없다는 것이다. 블로그 글을 어떻게 적어야 하는지 몰라 고민하는 사람들이 상당히 많다. 중요한 것은 블로그 글쓰기에 정답은 없다는 것이다. 정답을 찾으려고 하기보다 일단 글을 쓰면서 글쓰기를 습관으로 만들어야 한다.

블로그를 처음 시작했을 때 완벽하게 글을 쓰려고 하기보다 일단 글 쓰는 것에 집중했다. 그 당시는 대본도 없었고 소재만 찾으면 일단 블로그에 들어가 글을 적었다. 어떻게 글을 적어야 하는지 몰랐지만, 나의 생각을 최대한 자연스럽게 적으려고 노력했고 사진, 동영상을 첨부하여 글에 생동감을 주려고 노력했다. 지금 생각해보면 포기하지 않고 블로그 글을 꾸준히 적은 것이 그 당시 가장 잘한 일이다.

글 제목	조회수	작성일
한달 기준 계획 70% 실천하자	25	2018. 8. 15.
계획도 많이 써봐야 는다	37	2018. 8. 8.
계획 세우는게 시간낭비라고?? (4)	36	2018. 7. 31.
달력과 수첩으로 계획을 써보자 (4)	98	2018. 7. 31.
계획 세우는것이 필요한 이유 (2)	140	2018. 7. 30.

▲ 블로그 초창기에 적은 글

블로그 글쓰기를 습관으로 만들었다면 나의 관심사와 동일한 주제의 블로그를 찾아서 벤치마킹을 해야 한다. 벤치마킹을 할 때는 글을 처음부터 끝까지 읽어보고 나에게 적용할 부분을 찾아야 한다. 글을 5개 정도 정독해서 읽으면 어떤 식으로 글을 써야 할지 감을 잡을 수 있다.

특히 글의 초반부를 어떻게 구성했는지 눈여겨 봐야 한다. 블로그 글을 적을 때 초반부를 어떻게 구성하는가에 따라 체류 시간이 달라지기 때문이다. 글의 초반부에 흥미를 끌어야 독자들이 글을 끝까지 읽을 수 있다. 그리고 이미지, 동영상, 인용구, 구분선, 링크, 글자 색상, 글자 크기, 글자 폰트도 확인해야 한다. 나에게 적용하고 싶은 것이 있다면 기록해두고 블로그 글을 적을 때 마음껏 활용하면 된다.

블로그 글쓰기에 정답은 없지만, 사람들이 자주 찾아오는 블로그를 만들기 위해서는 '소비되는 글'을 작성할 필요는 있다. 소비되는 글이란 블로그 주제에 대해 사람들이 궁금해하고 원하는 글이다. 블로그 소재를 선택할 때 사람들이 궁금해할 만하고 원하는 주제인지 충분히 검토해야 한다.

그렇다면 소비되는 글을 어떻게 알 수 있을까? 가장 간단한 방법은 스스로에게 '내가 궁금해할 만하고 원하는 주제인가?'를 질문해야 한다. 즉, 타인을 만족시키기 전에 스스로를 만족시키는 것이다. 당신이 궁금해할 만하고 원하는 글이라면 다른 사람들도 궁금해하고 원하는 글일 확률이 높다. 그래서 소재를 찾기 전에 '나라면 블로그 주제에 대해 어떤 내용을 궁금해할까?'라고 생각해보는 것이 좋다.

사람들의 검색 의도를 파악하는 것도 도움이 된다. 블로그 소재를 찾았다면 사람들이 어떤 의도를 가지고 검색을 할지 생각해봐야 한다. '나라면 이렇게 검색할 것 같은데…'라고 생각하는 것이 키워드가 된다.

또한 다른 사람들이 해당 주제로 어떤 글을 발행했는지 유심히 살펴보면 소비되는 글이 어떤 것인지 명확히 알 수 있다. 블로그 포스팅에 정답은 없다. 하지만, 소비되는 글을 적을 필요가 있고 벤치마킹과 스스로에게 하는 질문은 반드시 필요하다.

03 블로그 글쓰기의 단짝은 콘텐츠

블로그 글쓰기의 방향은 콘텐츠에 따라 달라진다. 어떤 콘텐츠를 가지고 글을 쓰는가에 따라 글을 쓰는 방식이 전혀 다르다. 그래서 메인 콘텐츠를 정하는 것은 신중해야 한다. 보통은 좋아하거나 잘하는 분야를 메인 콘텐츠로 많이 선택한다.

주제 설정

주제를 선택하면 내블로그와 블로그 홈에서 주제별로 글을 볼 수 있습니다.
주제를 선택하지 않아도 '블로그 홈 > 주제별 글보기 > 전체'에서 볼 수 있습니다.

엔터테인먼트·예술	생활·노하우·쇼핑	취미·여가·여행	지식·동향
문학·책	일상·생각	게임	IT·컴퓨터
영화	육아·결혼	스포츠	사회·정치
미술·디자인	애완·반려동물	사진	건강·의학
공연·전시	좋은글·이미지	자동차	비즈니스·경제
음악	패션·미용	취미	어학·외국어
드라마	인테리어·DIY	국내여행	● 교육·학문
스타·연예인	요리·레시피	세계여행	
만화·애니	상품리뷰	맛집	
방송	원예·재배		

주제 선택 안 함   ☐ 이 카테고리의 글은 항상 이 주제로 분류

취소   확인

▲ 주제 설정 탭을 보고 여러 분야의 글을 적기

만약 메인 콘텐츠를 정하지 못하겠다면 처음에는 여러 분야의 글을 적는 것도 좋다. 글을 쓰다가 좋아하거나 잘하는 분야가 생기면 그때 콘텐츠를 정해도 늦지 않다. 여러 분야의 글을 많이 적을수록 좋아하는 분야와 좋아하지 않는 분야를 명확히 알 수 있다. 소재를 많이 찾을 수 있고 블로그에 오랫동안 글을 써도 지치지 않을 것 같은 주제를 선택해야 한다.

블로그 메인 콘텐츠를 '운동'으로 정했다면 운동과 관련된 정보, 식단 관리, 운동 방법을 적으면 된다. 운동과 관련된 정보는 유튜브 영상, 책과 함께 소개하는 것이 좋고 식단 관리는 현재 먹고 있는 음식 사진을 넣는 것이 좋다. 운동 방법은 운동 일지를 보여주는 것이 좋다.

블로그 메인 콘텐츠를 '독서'로 정했다면 책 리뷰, 독서로 얻은 인사이트를 적으면 된다. 책 리뷰는 저자소개와 함께 책을 읽고 느낀 점, 적용할 점을 적으면 된다. 독서로 얻은 인사이트는 실생활에 어떻게 적용하고 있는지 적으면 된다.

블로그 메인 콘텐츠를 '여행', '맛집 리뷰', '일상'으로 정했다면 비교적 수월하다. 사진, 동영상을 넣어 글에 생동감을 주는 것이 좋고 솔직하게 일기형식으로 쓰는 것이 좋다. 여행 다녀온 글을 적을 때는 여행지 소개와 함께 여행지에서 어떤 에피소드가 있었는지 적는다면 독자들의 반응은 더욱 좋을 것이다.

맛집 리뷰 글을 적을 때는 사진을 최대한 많이 넣는 것이 좋다. '보기 좋은 떡이 먹기도 좋다'라는 속담이 있듯이 음식 사진을 예쁘게 찍어서 올리면 독자들도 음식을 먹는 느낌이 들 것이다. 또한 음식 사진은 정적인 것보다 동적인 것이 좋은데 움짤 이나 동영상으로 올리는 것도 좋은 방법이다.

일상 글을 적을 때는 오늘 있었던 일을 가볍게 소개하는 것이 좋다. 친구와 카페에서 이야기한 것, 혼밥을 한 것, 쇼핑을 한 것, 가족과의 시간을 보낸 것 등 가벼운 마음으로 일상을 소개해보자.

이처럼 블로그 글쓰기의 방향은 콘텐츠에 따라 달라진다. 메인 콘텐츠는 퍼스널 브랜딩을 생각해서 선택하는 것이 좋다. 서브 콘텐츠는 비교적 부담이 덜 되는 주제를 선택하는 것이 좋다. 글쓰기 전에 메인 콘텐츠, 서브 콘텐츠를 정해보자.

04

1일 1포스팅이 어려운 이유

블로그를 시작하면 주위 사람들에게 가장 많이 듣는 소리가 '1일 1포스팅'이다. 1일 1포스팅은 말 그대로 하루에 블로그 글을 1개씩 쓰는 것이다. 일주일이면 7개의 글을 적을 수 있고 한 달이면 대략 30개의 글을 적을 수 있다.

블로그를 처음 시작했을 당시 기억해보면 1일 1포스팅은 유행처럼 너도 나도 하고 있었다. 그래서 1일 1포스팅을 하려고 했지만, 번번이 실패했다. 처음에는 의지의 문제라고 생각해서 스스로를 자책했는데 블로그를 오랫동안 운영하다 보니 1일 1포스팅은 의지의 문제가 아니라는 것을 알게 되었다.

그렇다면 1일 1포스팅이 지속 안 되는 이유는 무엇일까? 그 이유는 '소재'를 찾지 못했기 때문이다. 반대로 글쓰기 소재만 찾을 수 있다면 1일 1포스팅은 크게 어렵지 않다. 1일 1포스팅이 '소재'의 문제라는 것을 알고 난 이후에는 글쓰기 소재를 찾는 데 집중했다. 글쓰기 소재는 가장 쉽게 블로그, 유튜브에서 찾을 수 있다. 등잔 밑이 어둡다는 말도 있지 않은가?

글쓰기 소재를 찾을 때 블로그, 유튜브를 가장 먼저 확인하는 습관을 가지면 좋다. 블로그는 세부적인 소재를 찾을 수 있고, 유튜브는 창의적인 소재를 찾을 수 있다. 이는 플랫폼 특성과 관련이 깊다.

블로그는 검색에 기반을 둔 플랫폼이기 때문에 사람들이 세부 키워드를 찾아서 글을 작성한다. 그래서 세부적인 소재를 찾아낼 수 있다. 반면 유튜브는 알고리즘에 기반을 둔 플랫폼이기 때문에 사람들의 관심사에 해당하는 것을 표본을 높여 콘텐츠로 만들어내야 한다. 그래서 다소 창의적인 소재를 많이 찾을 수 있다.

블로그에서 소재 찾는 방법을 알아보자. 네이버에 블로그 주제에 해당하는 키워드를 검색하고 '블로그' 탭을 살펴보면 다른 사람들이 올린 블로그 글을 확인할 수 있다. 이 중에서 쓰고 싶은 주제를 정해 글을 쓰면 된다.

유튜브 역시 블로그 주제에 해당하는 키워드를 검색하고 상위노출 되어 있는 영상의 제목, 썸네일을 확인한다. 특히 조회 수가 많이 나온 영상은 사람들의 관심사가 높은 주제이기 때문에 먼저 활용하는 것이 좋다.

블로그, 유튜브 콘텐츠만 천천히 살펴봐도 많은 소재를 찾을 수 있다. 이제부터 1일 1포스팅을 지속하기 위해서는 의지가 부족하다는 생각을 버리고 소재를 찾는 데 집중해야 한다.

물론 소재를 찾았다고 해서 바로 블로그 포스팅을 하기는 힘들다. 정보를 정리하고 대본도 적어야 하기 때문이다. 하지만, 소재를 지속적으로 찾는 것이 블로그 1일 1포스팅을 지속할 수 있는 유일한 방법이다. 틈만 나면 소재를 찾으려고 해야 한다. 블로그 소재 찾는 방법은 4장에서 더 많이 소개하려고 한다.

05 블로그를 하는 목적을 정하라

블로그를 시작하기 전에 블로그를 하는 목적을 정하는 것은 상당히 중요하다. 블로그를 하는 목적이 뚜렷하지 않으면 글쓰기가 중구난방으로 될 확률이 매우 높다.

블로그를 하는 목적은 크게 2가지로 나눠볼 수 있다.

첫 번째는 취미로 블로그를 하는 것이다.

육아를 하면서 혹은 회사에 다니면서 블로그를 취미로 하는 사람들이 많다. 이들은 주로 맛집 리뷰, 여행 후기와 같은 일상과 관련된 글을 자주 적는다. 그리고 사람들과 소통을 하며 행복을 느끼는 데 의의를 둔다.

서로이웃 맺기

모바일로 이웃관리를 하고 싶다면? 💬 블로그앱 지금받기 > ⚙ 이웃커넥트 관리하기

받은신청　　보낸신청　　안내메시지

안내메시지를 설정하시면, 상대방이 내게 서로이웃을 신청하는 팝업창에 안내 메시지로 보여집니다.

안녕하세요? 온라인 부업, 실생활에 도움되는 경제 정보 글을 자주 쓰고 있습니다. 관심있으시면 제 블로그 알림설정 해주세요! 자주 방문해주시면 좋은 콘텐츠로 보답하겠습니다.

▲ 서로이웃 맺기 안내 메시지

취미를 목적으로 블로그를 운영할 경우 관심사가 같은 사람들과 소통하는 것이 좋다. 공감을 눌러주고 댓글에 답변을 하며 소통하는 즐거움을 느끼는 것이다. 블로그 포스팅할 때는 최대한 자연스럽게 적는 것이 좋다.

다만, 관심사가 같은 사람들과 소통하기 위해서는 프로필 소개 글, 서로 이웃 신청 메시지에 관심사를 적어두는 것이 좋다. 그러면 관심사가 같은 사람들이 블로그에 방문을 하고 서로 이웃 신청을 할 것이다. 취미를 목적으로 블로그를 한다면 지친 삶에 활력을 넣어줄 수 있다.

블로그 정보

블로그 주소	https://blog.naver.com/lovene01
블로그명	수상한노마드 덕업일치 라이프 한글, 영문, 숫자 혼용가능 (한글 기준 25자 이내)
별명	수상한노마드 한글, 영문, 숫자 혼용가능 (한글 기준 10자 이내)
소개글	블로그 프로필 영역의 프로필 이미지 아래에 반영됩니다. (한글 기준 200자 이내)
내 블로그 주제	비즈니스·경제 내 블로그에서 다루는 주제를 선택하세요. 프로필 영역에 노출됩니다.
블로그 프로필 이미지	등록 삭제 프로필 이미지는 가로 161px 섬네일로 생성됩니다. - 블로그스킨에 따라 섬네일이 축소/확대되어 적용됩니다.세부 디자인 설정에서 조정해 보세요. 프로필 이미지가 보이지 않는다면? ☑ 네이버 프로필에도 적용합니다.

▲ 블로그 정보 탭에서 구색을 먼저 갖추기

두 번째는 수익을 목적으로 블로그를 하는 것이다.

수익을 목적으로 블로그를 한다면 전략적으로 블로그를 운영해야 한다. 잠재 고객을 유입할 수 있는 콘텐츠를 만들고 글을 써야 한다. 가장 먼저 블로그에 구색을 갖추는 것이 선행되어야 한다. 구색을 갖추는 것에 대해 자세히 언급하면 블로그 대문, 프로필 소개, 프로필 이미지, 닉네임, 블로그 제목, 카테고리, 외부채널링크가 한 눈에 들어오게끔 잘 꾸며져 있어야 한다.

구색을 갖추기 위해서는 전문성을 입증할 수 있는 글도 많아야 한다. 어떤 글을 써야할 지 모르겠다면 블로그 주제에 해당하는 블로그, 유튜브를 찾아 콘텐츠를 유심히 살펴봐야 한다. 댓글을 참고하는 것도 좋다. 댓글에 사람들의 생각이 담겨있기 때문에 확인하는 것은 도움이 된다.

수익을 목적으로 블로그를 운영한다면 돈이 되는 글을 써야 한다. 돈이 되는 글은 다음 세 가지로 나눠볼 수 있다.

첫째, 상품 및 서비스와 관련된 글을 쓰는 것이다.

여기까지 들으면 "상품, 서비스와 관련된 글을 적어야 하나요? 홍보 글을 적으라는 말씀이신가요?"라고 말할 수 있을 것이다. 반은 맞고 반은 틀렸다. 물론 홍보 글을 써야 하지만 더 중요한 것은 상품, 서비스와 관련된 글을 쓰는 것이다.

예를 들어, 인스타그램 마케팅 전자책, 강의를 판매하고 있다면 인스타그램 마케팅에 대해 거시적인 관점, 미시적인 관점에서 다룬 콘텐츠를 만들어 블로그에 적어야 한다. 이렇게 하면 전문성을 보여줄 수 있고 신뢰를 유발하게 되어 구매까지 이끌 수 있다.

블로그 주제의 범위가 작을 경우 소재 고갈에 반드시 직면하게 된다. 그래서 거시적인 관점 외에 미시적인 관점에서 글을 쓰는 것도 필요하다. 상품, 서비스홍보를 하되 다양한 관점으로 글을 쓰는 것이다. 여의치 않다면 비슷한 주제의 블로그를 보고 벤치마킹하는 것도 좋다.

둘째, 자기 PR이 가능한 글을 쓰는 것이다.

자기 PR이 가능한 글을 잘못 오해하면 안 된다. 자랑하는 것이 아닌 스스로를 더 돋보이게 만드는 글을 쓰는 것이다.

자기 PR은 스토리가 있어야 한다. 스스로를 과대평가하는 것이 아닌 있는 그대로의 모습을 드러내야 사람들이 공감한다. 그래서 유튜브에 지극히 개인적인 이야기를 담은 영상이 인기가 많은 것이다. 스스로 어떻게 어려움을 극복했고 어떤 비전과 사명으로 일하고 있는지 알리는 것은 상당히 중요하다.

자기 PR이 가능한 글은 대표적으로 자기소개, 성과, 업적, 후기, 저서소개, 성장 과정의 글이 해당된다. 자기 PR은 스스로 가치를 높일 수 있는 좋은 기회이다.

스스로에게 질문을 해보자. '사람들이 공감할 수 있는 나의 이야기는 무엇인가? 이를 통해서 어떻게 자기 PR을 할 것인가?'

셋째, 전문가로 인정받을 수 있는 글을 쓰는 것이다.

스스로 '사람들이 나의 블로그 글을 읽고 전문가로 인식할 수 있는가?'라는 질문을 던져야 한다. 이 때 정보성 글만 쓰는 것이 아닌 나만 제공할 수 있는 지극히 개인적인 글을 써야 한다. 즉, 노하우가 담긴 글을 쓰는 것이다. 물론 노하우가 들어간 글만 적을 수는 없다. 소재가 고갈되기 때문이다. 그 때 정보성 글을 1개씩 적으면 된다.

전문가로 인정받으려면 정보성 글을 써야 한다. 블로그 주제에 대해서 관심을 가지고 정보가 담긴 글을 꾸준히 적으면 된다. 하지만, 여기서 주의해야 할 점이 있다. 정보성 글만 적는다면 다른 사람들과 차별화하기 어렵다. 다른 사람들도 정보성 글을 많이 적기 때문이다. 그래서 앞서 언급한 자기 PR이 가능한 글을 적고 노하우가 담긴 글을 적는 것도 반드시 필요하다.

돈이 되는 블로그 글을 쓰기 위해서는 사람들의 수요, 차별화의 교집합을 항상 생각해야 한다. 사람들이 무엇을 원하는지 알고 차별화된 글을 꾸준히 적는다면 돈이 되는 블로그를 만들 수 있다. 수익을 목적으로 블로그를 한다면 돈이 되는 글을 써야 한다는 것을 잊어서는 안 된다.

06 사람들이 자주 찾아오는 블로그

사람들이 자주 찾아오는 블로그를 만들기 위해서는 사람들이 찾아올 만한 이유가 있어야 한다. 사람들이 굳이 시간을 내서 당신의 블로그를 방문해야 하는 이유가 있는가? 스스로 생각해도 사람들이 블로그에 방문할 이유가 없다면 이제부터 차별화를 갖춰야 한다.

차별화를 위해 글을 꾸준히 쓰는 것은 기본 전제로 하고 사람들이 자주 찾아오는 블로그를 만들기 위해 어떤 노력을 해야 하는지 다섯 가지 방법을 소개하려고 한다.

첫째, 제목에서 흥미를 유발해야 한다.

제목을 매력적으로 짓는 방법은 2장에서 자세히 언급하고 여기서는 간단히 설명하려고 한다. 정보성 글을 적을 때는 어쩔 수 없지만, 일상 글, 자기PR 글, 컨셉이 담긴 글을 적을 때는 키워드를 지나치게 의식하는 것이 아닌 궁금증을 유발하거나 이목을 끄는 제목을 지어야 한다. 조회 수가 높은 유튜브 영상의 제목을 참고하면 도움이 된다.

둘째, 썸네일을 눈에 띄도록 만들어야 한다.

블로그에서 썸네일은 이웃 새 글, 네이버에 검색 시 가장 먼저 보이는 이미지를 의미한다. 썸네일은 보통 유튜브에서 중요하다고 알려져 있는데 블로그에서는 더욱 중요하다. 블로그는 글을 기반으로 한 플랫폼이기는 하지만 사람들이 나의 글을 클릭하기 위해서는 첫 이미지에 인상을 주는 것이 필요하다.

썸네일에 시간을 많이 투자할 필요는 없다. 썸네일 템플릿을 정해놓으면 글의 제목이 바뀌더라도 텍스트만 수정하면 된다. 썸네일은 PPT, 망고보드, 미리캔버스, 글그램 어플로 만들 수 있다.

썸네일은 누가 봐도 클릭하고 싶은 마음이 들어야 한다. 화려하게 꾸미는 것보다 단순하게 썸네일을 만드는 것도 한 방법이다. 글자 크기를 크게 해서 가독성을 주는 것이 좋다.

넷째, 글의 초반부에 이목을 끌어야 한다.

블로그 지수에 중요한 것은 '체류 시간'이다. 체류 시간은 다른 사람들이 나의 블로그에 머무르는 시간을 의미한다. 즉, 다른 사람들이 나의 블로그에 머무르는 시간이 많을수록 블로그 지수가 높아진다. 체류 시간을 높이기 위해서는 글의 초반부가 상당히 중요하다. 글의 초반부가 재미없으면 사람들은 뒤로 가기 버튼을 누를 것이다.

글의 초반부에 하이라이트라고 생각되는 부분을 적거나 명언, 책의 인상 깊은 구절, 비하인드 스토리를 적으면 좋다. 글의 초반부를 읽고 글을 끝까지 읽게 만드는 것이 중요하다.

넷째, 사람들이 공감할 수 있는 일상 글을 적어야 한다.

퍼스널 브랜딩을 위해 정보성 글을 적는 것은 상당히 중요하다. 하지만, 정보성 글만 적는다면 블로그가 다소 딱딱하게 느껴진다. 또한 소재가 고갈되면 블로그 포스팅하는데 스트레스를 받을 수 있다. 그래서 블로그를 꾸준히 하기 위해서라도 일상 글을 적으면 좋다. 일주일에 1~2회 정도 일상 글을 쓰면 지치지 않고 꾸준히 글을 적을 수 있다.

블로그를 통해 비즈니스를 하더라도 홍보 글만 주구장창 적는다면 사람들은 외면할 것이다. 사람들은 광고 글만 올리는 블로그를 좋아하지 않는다. 홍보 글을 쓰더라도 일상 글과 적절하게 비율을 맞추는 것이 좋다. 비즈니스를 한다면 브이로그 형식으로 사업하는 과정을 적어보자. 퍼스널 브랜딩에 분명 도움이 된다.

글 제목	조회수	작성일
프리랜서로 살아가는 1인기업가가 흔한 건강관리, 체력관리 하는 방법 (12)	96	2021. 7. 27.
프리랜서가 업무효율 비약적으로 높이는 방법 3가지 (feat. 시간을 지배하는 자) (18)	92	2021. 7. 23.
디지털노마드, 1인기업가로 살면서 뼈저리게 느낀 교훈 3가지 (feat . 애매하면 안된다.) (13)	159	2021. 7. 22.
프리랜서 블로그 강사로 살아남기 위해 홈트 운동을 합니다. (feat . 푸쉬업, 턱걸이, 스쿼트) (6)	151	2021. 7. 20.
생애 첫 인터넷 강의, VOD 촬영하며 느낀 점 (feat. 블로그 글쓰기)	71	2021. 7. 19.

▲ 블로그에 브이로그 형식의 글쓰기

다섯째, 사람들에게 도움이 되는 글을 써야 한다.

결국 사람들이 자주 찾아올만한 이유가 있어야 한다. 블로그를 통해 정보를 전달하지 않더라도 사람들에게 감동을 주거나 내적 성장을 하는 데 도움을 주면 된다. 중요한 것은 어떤 방법이든지 사람들에게 도움이 되는 글을 써야 퍼스널 브랜딩 할 수 있다는 것이다.

블로그의 체류 시간이 높으면 사람들에게 도움이 되는 글을 쓰고 있는 것이다. 블로그 통계를 틈틈이 확인해서 체류 시간이 어느 정도 되는지 분석을 하고 체류 시간이 낮다면 사람들에게 도움이 되는 글을 더 많이 써야 한다.

체류 시간은 블로그 통계에 들어가서 [방문 분석] → [평균 사용 시간]을 확인하면 된다. 평균 사용 시간은 선택한 기간 동안 사용자들이 내 블로그를 사용한 평균 시간으로 전체, 서로이웃, 피이웃 단위로 제공되며 일간, 주간, 월간으로 확인이 가능하다.

사람들이 자주 찾아오는 블로그를 만드는 방법에 대해 살펴보았다. 다섯 가지 방법을 블로그에 적용한다면 놀라운 변화가 있을 것이다.

07 모두를 만족시키는 글을 쓰지 말라

블로그를 처음 시작하면 대부분의 사람들이 모두를 만족시키기 위해 글을 적는다. 모두를 만족시켜야 한다고 생각하니 몸에 힘이 들어가고 블로그 포스팅하는 것이 점점 힘들어진다.

블로그를 처음 시작했을 무렵 모두를 만족시키기 위해 글을 썼던 적이 있다. 모두를 만족시키기 위해 글을 쓰자 처음에는 편한 것 같았지만 나중에는 글 쓰는 것이 오히려 더 부담스러웠다. 누군가는 블로그 글이 마음에 들지 않겠다고 생각하니 잠이 오질 않았다. 시행착오를 겪고 나서 욕심을 내려놓았다. 모두를 만족시키는 것이 아닌 블로그 콘텐츠에 관심 있는 사람들을 만족시키기 위해 글을 적었다.

물론 블로그 콘텐츠에 관심 있는 사람들을 만족시키기 전에 스스로 만족하는 글을 적었다. 제 1의 소비자는 '나'이기 때문이다. 블로그 글을 적을 때는 최대한 집중해서 적었다. 그리고 독자들이 좋아할 만한 콘텐츠를 지속적으로 만들었다.

독자를 명확히 정하고 블로그 포스팅을 하자 콘텐츠에 관심이 있는 사람들이 지속적으로 블로그에 방문하기 시작했다. 그들을 위해 콘텐츠를 끊임없이 만들고 피드백을 받았다.

사람들이 무엇을 고민하고 원하는지 파악하기 위해 노력했다. 블로그 글,

유튜브 영상, 네이버 지식인, 재능 사이트에 들어가서 궁금증을 해결했다. 독자를 명확히 정하고 구색을 갖춘 글을 계속 쓰자 블로그를 찾는 사람들이 점점 늘어났다.

　모두를 만족시키는 글을 쓰는 것은 불가능하다. 누군가는 당신의 글을 싫어할 수도 있다. 그래서 독자를 명확히 정하고 그들을 위해 글을 발행해야 한다. 즉, 모두를 만족시키는 것이 아닌 잠재고객을 만족시키는 것이 중요하다. 콘텐츠에 관심 있는 사람들을 모으기 위해 무료 전자책을 배포하거나 무료 모임을 진행하는 것도 한 방법이다. 사람들에게 가치를 먼저 제공함으로써 콘텐츠를 알리는 것이다.

08 일단 시작하라

블로그를 하기로 마음먹었다면 일단 시작해야 한다. 책상 앞에 앉아 생각나는 주제로 글을 적어야 한다. 블로그를 어떻게 시작해야 할지 모르겠다고 상담을 요청하는 사람들이 너무 많다. 주제를 정해주고 블로그 글을 적어보라고 권유하지만 실천하는 사람은 극히 드물다.

블로그를 처음 시작했을 때를 생각해보면 완전 난장판이었다. 사진 1장, 몇 줄의 글이 끝이었다. 지금 보면 살짝 부끄러울 때도 있다.

하지만, 포기하지 않았다. 블로그 포스팅하는 것이 좋아서 꾸준히 글을 적었다. 소재를 어떻게 찾는지도 몰랐지만 생각나는 주제가 있으면 노트북을 켜고 글을 적었다. 지금에서야 느끼지만 블로그에 희로애락이 모두 담겨 있다.

글이 마음에 들지 않을 때는 다른 사람들은 어떻게 글을 썼는지 읽어보기도 했다. 재밌게 글을 쓰는 사람이 있으면 유머 감각을 배우고 글 쓰는 방식을 벤치마킹하기도 했다.

글 쓰는 것과 피드백을 동시에 하자 글쓰기 실력도 점차 늘어났다. 어떻게 하면 글을 잘 쓰는지 문의가 올 정도였다. 블로그를 하면서 가장 보람을 느끼는 순간이었다.

블로그를 시작하고 나서 최소 한 달은 매일 포스팅하는 것이 좋다. 매일 글을 써야 글 쓰는 습관이 만들어지고 글쓰기에 흥미를 느끼기 때문이다. 어떤 글을 써야 할지 모르겠다면 평소 좋아하는 주제를 선택해서 글을 적으면 된다. 혹은 책의 3장 '블로그 글쓰기로 쓰면 좋은 주제'를 참고해서 글을 적으면 된다.

처음에는 무조건 글을 많이 쓰는 것이 중요하다. 양보다 질에 집중하는 것은 블로그 글 쓰는 것이 부담이 없고 구색이 갖춰졌을 때 하는 것이 맞다. 첫 술에 배부를 수는 없다. 장기적으로 보고 블로그를 운영해야 한다. 블로그 글쓰기를 습관으로 만든 다음 퀄리티를 올려도 늦지 않다. 바쁘더라도 블로그 포스팅하는 시간은 있어야 한다. 하루 최대 1시간이면 충분하다.

유흥을 즐기는 시간, TV 프로그램 시청하는 시간, 게임하는 시간을 줄이면 블로그 포스팅은 충분히 할 수 있다. 블로그 글쓰기는 인생에서 많은 기회를 가져다주기에 안 하면 손해인 것이다.

여러 가지 이유로 차일피일 미루는 것보다 하루라도 빨리 글을 대충 쓰는 것이 훨씬 낫다. 처음에는 직접 적은 블로그 글이 보잘것없어 보일지 몰라도 꾸준히 글을 적는다면 글쓰기 실력이 늘어나는 것은 시간문제다. 로마는 하루아침에 만들어지지 않았다는 것을 명심해야 한다.

POINT 반응이 좋은 글 vs 반응이 나쁜 글

블로그 글쓰기를 본격적으로 배우기 전에 반응이 좋은 글과 반응이 나쁜 글을 알아두면 좋다. 반응이 좋은 글은 조회 수, 공감 수, 댓글 수가 많은 글을 말한다. 반대로 반응이 나쁜 글은 조회 수, 공감 수, 댓글 수가 비교적 적은 글을 말한다. 결국 사람들의 호응이 좋다면 반응이 좋은 글이고 사람들의 호응이 없다면 반응이 나쁜 글이다.

블로그 포스팅을 지속하기 위해서는 반응이 좋은 글을 적을 필요가 있다. 글의 조회 수는 제목의 키워드에 따라 달라진다고 해도 공감 수, 댓글 수는 반응이 좋은 글을 적어야 늘어난다. 블로그가 살아있다는 느낌을 받으려면 사람들이 많이 찾아와야하고 이웃신청 후 알림설정 하는 사람들이 늘어나야 한다. 알림설정 하는 사람들이 늘어난다는 것은 블로그에 양질의 글을 쓰고 있다는 것을 말한다. 반응이 좋은 글을 쓰기 전에 양질의 포스팅을 꾸준히 하겠다는 마음가짐을 가져야한다.

반응이 좋은 글과 반응이 나쁜 글에 대해 알아보자. 글을 쓰기 전에 참고하면 시행착오를 줄일 수 있을 것이다.

| 반응이 좋은 글

❶ 스토리가 있는 일상 글
❷ 사람들이 궁금해 하는 정보 글
❸ 컨셉이 명확한 글
❹ 유튜브에 없는 정보, 노하우를 알려주는 글
❺ 브이로그 형식의 글

| 반응이 나쁜 글

❶ 자기 생각, 의견이 없는 글
❷ 너무 뻔한 정보 글
❸ 시대의 흐름에 뒤쳐진 정보 글
❹ 목적이 없는 글
❺ 사람들과 소통하기 힘든 글(정치, 종교와 관련된 글)

세상에서 가장 쉬운 네이버 블로그 글쓰기

NAVER blog.ZIP

PART 02

블로그 글 매력적으로 쓰는 방법

01 _글의 제목을 매력적으로 지어라

02 _글의 초반에 승부를 걸어라

03 _글을 최대한 쉽게 적어라

04 _인용구와 구분선을 활용하라

05 _중요한 단어, 문장을 강조하라

06 _링크를 적재적소에 활용하라

07 _이미지는 무조건 필수로 넣어라

08 _생동감을 원한다면 스티커를 넣어라

09 _경험, 스토리를 자연스럽게 적어라

10 _핵심 메시지를 기억하고 글을 써라

POINT : 키워드와 상위노출의 연결고리

POINT : 블로그로 퍼스널 브랜딩 하는 방법

01 글의 제목을 매력적으로 지어라

블로그 글을 쓰기 전에 가장 먼저 해야 할 일은 제목을 짓는 것이다. 제목을 어떻게 짓는가에 따라 글의 조회 수, 블로그 방문자 수가 달라지기 때문에 어느 때보다 신중해야 한다. 만약 평범한 제목을 짓는다면 사람들의 이목을 끌지 못할 것이다. 그리고 검색해서 들어오는 방문자도 적을 것이다. 왜냐하면 평범한 제목은 블로그에 이미 넘치기 때문이다.

그래서 우리는 제목을 매력적으로 지어야 한다. 제목을 매력적으로 짓는다면 다른 사람들과 차별화될 수 있기 때문에 많은 사람들의 이목을 끌 수 있다. 블로그 제목을 매력적으로 짓는데 사용하고 있는 다섯 가지 방법을 소개하려고 한다. 다섯 가지 방법을 잘 활용한다면 누구나 블로그 제목을 매력적으로 지을 수 있을 것이다.

첫째, 숫자를 활용한다.

'~가지', 'best', 'top'에 숫자를 넣으면 된다. 예를 들어, '내가 미라클모닝을 하는 이유 5가지'라고 제목을 적어보자. 다른 사람들이 보기에 미라클모닝을 하는 특별한 이유가 있을 것 같다. 그래서 해당 제목을 클릭할 확률이 높다. 그리고 이렇게 제목을 정하면 내용을 쓰기도 편리하다. 본문에는 미라클모닝을 하는 이유 첫 번째부터 다섯 번째까지 언급만 하면 되기 때문이다.

또 다른 예를 들어보자. '내 인생에 도움이 되었던 책 BEST 5'라고 제목을 적어보자. 다른 사람들은 당신의 인생에 도움이 되었던 책이 무엇인지 궁금할 것이다. 왜냐하면 책을 읽고 인생을 바꾸고 싶은 사람들이 많기 때문이다. 하지만, 책은 시중에 너무 많다. 그래서 사람들은 당신이 추천하는 책을 눈여겨볼 것이다. 이처럼 제목에 숫자를 넣으면 사람들의 이목을 집중시키는 효과가 있다.

둘째, 호기심을 불러일으킨다.

글의 제목만 보고 호기심을 불러일으킬 수 있다면 사람들은 당신의 글을 읽을 것이다. 호기심을 불러일으키는 방법은 질문하거나 비교적 짧은 제목을 넣는 방법이 있다.

예를 들어, '디지털노마드의 진짜 현실'이라고 제목을 적어보자. 비교적 짧은 제목이지만 사람들은 제목을 보고 디지털노마드의 현실이 무엇인지 궁금해할 것이다. 제목에 '진짜'라는 단어를 넣었을 뿐인데 이는 호기심을 더 유발할 수 있다. 이처럼 단어 선택만 잘해도 호기심을 유발하는 데 도움이 된다. 사람들이 제목을 보고 호기심을 가질 수 있다면 성공이다.

셋째, 공감을 불러일으킨다.

보통 공감을 불러일으키는 방법은 기부하거나 도덕적으로 착한 일을 했을 때 사용된다. 이는 사회적으로 공감을 일으키는 방법이다.

하지만, 개인적인 공감을 일으키는 방법도 있다. '~느낀 점'이라고 제목을 쓰게 되면 개인적인 공감을 유발할 수 있다. 예를 들어, '블로그를 1년 이상 운영하면서 느낀 점'이라고 제목을 적어보자. 블로그를 운영하는 사람이라면 관심을 가질 법한 제목이다. 제목만 보고도 공감을 유발하여 어떤 내용인지 읽고 싶어진다. 공감을 불러일으키는 글을 적는다면 최대한 힘을 빼고 자연스럽게 적는 것이 좋다.

넷째, 필요성을 강조한다.

사람들의 이목을 집중시키기 위해 필요성을 강조하는 것도 좋은 방법이다. '~이유'를 제목에 적으면 필요성을 강조하는 제목을 지을 수 있다.

예를 들어, '유튜브 촬영하기 전에 대본을 써야 하는 이유'라고 제목을 적어보자. 사람들은 제목을 보고 유튜브 촬영하기 전에 대본 쓰는 것이 필요한 것을 인지하게 된다.

그리고 유튜브 대본을 어떻게 쓰는지 알기 위해 글을 읽을 것이다. 사람들은 글을 읽고 유튜브 촬영하기 전에 대본을 써야 한다는 필요성을 느끼게 된다. 필요성을 강조하는 제목은 유튜브에서도 흔히 볼 수 있다. 그만큼 사람들의 이목을 집중시킬 수 있는 제목이다.

다섯째, 컨셉을 정한다.

글의 제목을 매력적으로 짓기 위해 컨셉을 정하는 것도 좋은 방법이다. 연말특집, 새해특집, 명절특집 등 시기별로 컨셉이 담긴 글을 적거나 글의 제목에 컨셉을 넣는 것도 좋다. 예를 들어, '지금까지 삶의 변화가 없었다면 ~부터 하세요.', '~을(를) 해야 하는 이유', '~을(를) 잘하는 방법'의 형식으로 글을 쓰는 것이다.

컨셉이 담긴 글을 쓰면 글의 분위기가 바뀐다. 사람들에게 글이 새롭게 다가오기 때문에 이목을 끄는 데 효과가 있다. 전자책을 쓰고자 하는가? 종이책을 쓰고자 하는가? 컨셉이 담긴 글을 엮어서 책의 내용으로 구성해도 좋을 것이다.

블로그 글의 제목을 매력적으로 짓는 다섯 가지 방법을 알아보았다. 그동안 글의 제목을 평범하게 짓고 있었다면 다섯 가지 방법이 큰 도움이 될 것이다. 이제부터 사람들이 클릭할 수밖에 없는 제목을 지어보자. 글의 조회 수가 늘어남은 물론 방문자 수도 같이 늘어날 것이다.

02 글의 초반에 승부를 걸어라

블로그를 운영하는 사람들이 흔히 하는 착각이 있다. 독자가 내 글을 처음부터 끝까지 읽어줄 거라는 생각이다. 단언컨대 블로그 글을 처음부터 끝까지 읽는 사람은 10%도 채 안 된다고 자신 있게 말할 수 있다. 대부분의 사람들이 글의 초반부를 읽고 재미없으면 뒤로 가기 버튼을 누르기 때문이다.

그래서 글의 초반에 승부를 거는 것은 상당히 중요하다. 사람들이 글을 끝까지 읽을 수 있도록 장치를 만들어야 한다. 포스팅을 끝내고 글을 다시 읽으면서 글의 초반부가 쉽고 빠르게 읽히는지 확인해야 한다.

글의 초반에 승부를 거는 것이 필요한 결정적인 이유가 있다. 블로그에 체류 시간 이라는 것이 있는데 사람들이 블로그에 머무르는 시간을 말한다. 블로그 체류 시간이 높으면 블로그 지수가 올라가고, 체류 시간이 낮으면 블로그 지수가 내려간다. 블로그 체류 시간을 높이려면 사람들이 블로그에 오래 머물러야 하고 글을 끝까지 읽는 것이 도움 된다. 즉, 블로그 지수를 높이기 위해서라도 글의 초반부를 매력적으로 구성해야 한다.

글의 초반부를 읽고 글을 끝까지 읽고 싶게끔 만드는 것이 필요하다. 어떻게 글의 초반부를 구성하면 좋을까?

누구나 쉽게 활용할 수 있는 다섯 가지 방법을 소개하려고 한다. 다섯 가지 방법을 블로그 초반부에 적용한다면 사람들이 당신의 글을 끝까지 읽는 데 도움이 될 것이다.

첫째, 글의 초반부에 하이라이트라고 생각하는 부분을 적는다.

사실 이 방법은 유튜브에서 종종 볼 수 있다. 유튜브 영상을 시청하면 하이라이트라고 생각되는 부분이 영상 가장 앞부분에 나오고는 한다. 유튜버가 이렇게 하는 이유는 영상을 끝까지 시청하도록 만드는 전략인 셈이다.

이 방법을 블로그 글쓰기에 적용할 수 있다. 본격적으로 글을 쓰기 전에 하이라이트라고 생각하는 문구를 첫 단락에 쓰는 것이다. 사람들의 호기심을 유발하고 글을 끝까지 읽도록 유도할 수 있다.

하지만, 하이라이트라고 생각하는 문구를 찾는 것은 쉬운 일이 아니다. 1~2문장으로 사람들의 이목을 집중시켜야 하기에 짧고 강력한 문구가 필요

▲ 글의 초반부에 하이라이트 문구 넣기

하다. 사람들에게 전달하고자 하는 메시지가 있다면 하이라이트 문구로 활용하는 것이 좋다.

둘째, 글의 초반부에 유명인, 나의 명언을 적는다.

사람들은 명언을 좋아하는 경향이 있다. 명언을 읽으면 동기부여가 되고 삶에 활력을 주기 때문이다. 블로그를 하는 많은 사람들이 유명인의 명언을 적는다. 물론 유명인의 명언을 적는 것도 좋다.

하지만, 스스로 직접 만든 명언이 더 가치 있다. 사람들은 이미 알고 있는 명언보다 블로거가 직접 만든 명언에 더 감동 받는다. 명언 노트를 따로 만드는 것도 좋은 방법이다. 직접 명언을 적어보면 사람들을 감동시킬만한 문구가 보일 것이다. 유명인, 나의 명언을 글의 초반부에 적는다면 사람들에게 동기부여, 삶의 활력을 줄 수 있다.

셋째, 글의 초반부에 결과를 먼저 언급한다.

블로그 글을 쓰게 되면 과정을 먼저 말하고 글의 마지막에 결과를 언급하는 것이 일반적이다. 하지만, 글의 초반부에 결과를 먼저 언급해서 궁금증을 유발할 수 있다. 예를 들어, '유튜브를 시작한 지 10일 만에 구독자 천 명이 되었습니다.'라는 제목을 적었다고 가정해보자. 그리고 글의 초반에 유튜브 시작한 지 10일 만에 구독자 천 명을 만들었다고 적는다. 사람들은 유튜브 시작한 지 10일 만에 어떻게 구독자 천 명을 모을 수 있었는지 궁금해할 것이다. 글의 초반부에 결과를 언급하는 것은 사람들의 이목을 집중시키고 글을 끝까지 읽게 만드는 매력이 있다.

넷째, 글의 초반부에 독자가 얻을 수 있는 것이 무엇인지 상세하게 적는다.

사람들이 블로그에 자주 방문하기를 원한다면 양질의 콘텐츠를 꾸준히 만들어야 한다. 특히 정보 글을 적을 때는 글의 초반부에 독자가 이 글을 읽으면 무엇을 얻을 수 있는지 적는 것이 좋다. 독자가 글을 읽고 얻어가는 것이 많다고 생각하면 이웃을 맺은 후 블로그 알림을 활성화할 것이다. 블로그 알림을 활성화하는 사람들이 많아질수록 체류 시간을 늘리는 데 도움이 된다.

다섯째, 썸네일을 매력적으로 꾸민다.

블로그에서 썸네일은 이웃 새글, 네이버에 키워드를 검색했을 때 블로그 글에서 가장 먼저 보이는 이미지를 의미한다. 썸네일을 어떻게 구성하는가에 따라 글의 초반부가 매력적으로 보일 수도 있고 매력 없이 보일 수도 있다.

글을 발행하면 썸네일을 보고 글을 읽는 경우가 많기 때문에 썸네일 선택에 신중해야 한다. 블로그 썸네일은 미리캔버스 디자인 사이트를 이용하면 쉽게 꾸밀 수 있다. 미리캔버스에서 [소셜 미디어 정사각형] 템플릿을 수정해서 사용하는 것을 추천한다. 썸네일은 단순하면서도 직관적인 것이 좋다.

글의 초반부를 매력적으로 구성하는 다섯 가지 방법을 알아보았다. 글의 초반부를 어떻게 구성하는가에 따라 끝까지 읽고 싶은 글이 될 수 있고 앞부분만 읽고 싶은 글이 될 수 있다. 이제부터 블로그 글을 적을 때 글의 초반부에 신경을 써서 포스팅해 보자. 사람들의 반응이 확실히 달라진 것을 느낄 수 있을 것이다.

03 글을 최대한 쉽게 적어라

블로그 글을 읽다 보면 내용이 너무 어려운 글이 많다. 전문 용어가 있거나 생전 처음 들어보는 용어 앞에서 글 읽기가 망설여진다. 글을 읽기도 전에 지치는 것이다.

주로 비즈니스, 경제, 사회, 교육, IT 주제로 글을 작성하는 사람들이 전문 용어를 많이 사용한다. 전문 용어를 사용하는 것은 문제가 없다. 다만 전문 용어를 사용하더라도 예시와 함께 쉽게 풀어쓰는 것이 중요하다.

사람들은 조금이라도 어려운 용어가 나오면 지루함을 느낀다. 지루함을 덜기 위해 경험담, 비하인드 스토리를 자연스럽게 언급하는 것이 좋고 어려운 용어가 있다면 예시와 함께 쉽게 풀어쓰려고 해야 한다. 이미지, 동영상을 많이 넣는 것도 좋다. 글이 딱딱하게 느껴질 때는 관련된 이미지, 동영상을 넣으면 혈액 순환이 되어 글이 쉽게 읽히는 장점이 있다.

글을 적을 때는 초등학생도 쉽게 이해할 수 있도록 적는 것이 가장 좋다. 친구, 지인에게 블로그 글을 보여주고 쉽게 이해가 되는지 물어보는 것도 좋은 방법이다. 만약 친구, 지인이 블로그 글을 읽었는데 쉽게 이해가 되지 않는다고 하면 어떤 부분이 이해가 안 되는지 물어본다. 그리고 이해가 안 된다고 하는 부분을 다시 읽어보고 예시와 함께 쉽게 풀어쓰거나 경험담, 비하인드 스토리를 적어야 한다. 이렇게까지 해야 하나 싶지만, 글을 쉽게 적는 연습을 해야 사람들이 자주 찾아오는 블로그를 만들 수 있다.

글은 쉬워야 한다. 블로그는 지식을 자랑하는 공간이 아닌 사람들과 교류하는 공간이다. 사람들과 교류하기 위해서는 쉽게 읽히는 글을 써야 한다.

독자와 이야기 한다고 생각하고 글을 적으면 어려운 용어는 최대한 배제할 수 있다. 어려운 용어가 나오더라도 쉽게 설명하기 위해 노력할 것이고 지루함을 덜기 위해 경험담, 비하인드 스토리를 자연스럽게 전달할 것이다. 지금까지 글을 적을 때 전문용어를 많이 사용했다면 이제부터 전문용어는 최대한 배제하고 글을 쉽게 적어보자.

04 인용구와 구분선을 활용하라

블로그 글을 쓰다 보면 글이 매끄럽지 않고 딱딱하게 느껴질 때가 있다. 블로그를 처음 했을 당시 그랬다. 나름 자연스럽게 글을 적었지만 뭔가 모를 답답함이 있었다.

그런데, 인용구와 구분선을 적극적으로 활용하자 글이 훨씬 매끄럽고 잘 읽히기 시작했다. 무엇보다 독자들을 위한 배려라는 생각에 뿌듯했다. 인용구와 구분선을 활용하는 것만으로도 가독성이 있는 글을 적을 수 있다. 이제부터 인용구와 구분선에 대해 자세히 알아보자.

우선 인용구부터 알아보자.

인용구는 다른 사람의 말을 인용할 때만 사용하는 기능이라고 생각하기 쉬운데 특별한 목적을 가지고 사용하는 기능은 아니다. 인용구에 소주제에 해당하는 핵심키워드를 넣는 것이 좋다.

인용구에 핵심키워드를 넣는 이유는 사람들의 이목을 집중시키기 위해서다. 인용구를 사용하면 글이 가독성 있게 보이기 때문에 글의 혈액 순환을 위해서도 좋다. 어떤 인용구가 더 좋은 것인가는 없다. 마음에 드는 인용구를 선택해서 자유롭게 사용하면 된다.

▲ 인용구

다음으로 구분선에 대해 알아보자.

구분선은 말 그대로 '구분을 하기 위한 선'이다. 구분선은 글의 흐름이 바뀌거나 글이 너무 길어진다고 생각될 때 사용하는 것이 좋다. 글을 읽는 독

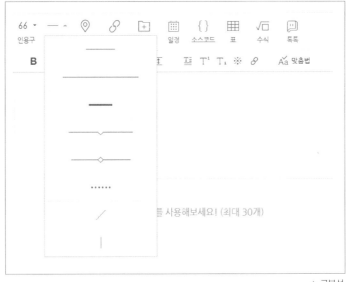

▲ 구분선

자들이 지치지 않게 한 템포 쉬어가는 의미라고 생각하면 된다.

인용구와 구분선은 글의 혈액 순환에 도움이 되기 때문에 사용하는 것이 좋다. 단, 너무 많이 사용하면 번잡하게 보인다. 그러므로 적절하게 사용해야 한다.

05

중요한 단어, 문장을 강조하라

블로그는 책과 다른 점이 있다. 분량이 다르다. 우리가 일반적으로 아는 종이책은 300페이지 가까이 되는 데 반해 블로그는 책의 5페이지 이내에 해당하는 글이 대부분이다.

블로그 글을 너무 길게 적으면 본인도 힘들지만 읽는 사람도 힘들다. 적당한 선에서 글을 마무리하는 것이 맞다. 대신 글을 읽는 독자들에게 강렬한 인상을 주고 핵심 메시지를 빠르게 전달해야 할 필요성이 있다.

그래서 중요한 단어나 문장을 강조하는 것이 좋다. 중요한 단어나 문장을 강조하는 방법은 간단하다. 글자 크기를 크게 하거나 폰트를 바꾸는 것이다. 혹은 단어, 문장에 색상을 넣으면 된다. 너무 많은 색상을 이용하기보다 사용 빈도가 높은 2~3가지 색상을 자주 사용하는 것이 좋다. 2~3가지 색상만 사용하더라도 글의 중요한 부분을 강조하기에 충분하다.

중요한 단어나 문장을 강조하면 사람들이 글의 핵심 부분을 빠르게 파악할 수 있는 장점이 있다. 어떻게 보면 시간이 부족해서 글을 다 읽지 못하는 독자들을 위한 배려인 셈이다.

단, 주의해야 할 점이 있다. 중요한 단어, 문장을 강조하는 것은 글을 다 쓰고 난 이후에 해야 한다. 글을 쓰면서 강조를 하면 흐름이 끊기기 때문에 포스팅하는 시간도 늘어나고 좋은 글을 쓰기 힘들다.

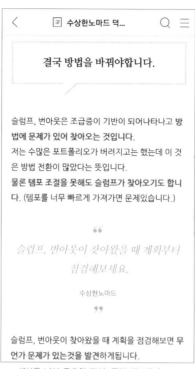

결국 방법을 바꿔야합니다.

슬럼프, 번아웃은 조급증이 기반이 되어나타나고 **방법에 문제가 있어 찾아오는 것입니다.**
저는 수많은 포트폴리오가 버려지고는 했는데 이 것은 방법 전환이 많았다는 뜻입니다.
물론 템포 조절을 못해도 슬럼프가 찾아오기도 합니다. (템포를 너무 빠르게 가져가면 문제있습니다.)

"

슬럼프, 번아웃이 찾아왔을 때 계획부터 점검해보세요.

수상한노마드

"

슬럼프, 번아웃이 찾아왔을 때 계획을 점검해보면 무언가 문제가 있는것을 **발견**하게됩니다.

▲ 색상을 넣어 중요한 단어, 문장 강조하기

글을 다 적었다면 중요한 단어, 문장을 강조하자. 글의 가독성을 높이는데도 도움이 된다.

06 링크를 적재적소에 활용하라

　　　　　블로그 글을 쓰다 보면 종종 링크를 넣어야 할 때가 있다. 하지만, 많은 사람들이 링크 넣는 것을 주저한다. 링크 넣는 것이 무조건 안 좋다고 생각할 수 있지만 잘 활용하면 보기 좋은 글이 될 수 있다.

　가장 추천하는 링크는 내 블로그의 다른 글이다. 지금 쓰고 있는 글이 과거에 썼던 글과 같이 보면 이해가 잘 된다고 생각될 때 과거에 썼던 블로그 글을 링크로 넣는 것이 좋다. 블로그의 체류 시간을 늘리는 방법으로 이미 많은 블로거가 사용하고 있다. 유튜브 채널을 운영한다면 블로그 글과 관련된 유튜브 영상을 넣어 이해를 돕도록 하는 것이 좋다. 유튜브 조회 수, 구독자 수까지 늘릴 수 있는 좋은 방법이다. 비즈니스를 하는 사람들은 상품 판매와 관련된 글을 적을 때 상품 판매 링크를 글의 중간 혹은 하단에 넣는 것이 좋다. 글을 읽는 사람들에게 구매를 유도하는 역할을 한다. 중요한 것은 상품에 대한 충분한 설명이 있어야 한다는 것이다. 사람들에게 상품을 구매하면 어떤 점이 좋은지 적극적으로 어필해야 한다. 가장 흔한 마케팅 기법으로 전과 후를 비교하는 방법이 있다(before ↔ after).

　반면 링크를 넣을 때 주의해야 할 점은 1개의 글에 비정상적으로 링크를 너무 많이 넣으면 안 된다는 것이다. 이는 스팸 문서로 분류될 수 있다.

　그렇다면, 링크를 넣는 가장 좋은 원칙은 무엇일까? 글의 이해를 돕는 링크를 넣는 것이다. 링크가 내 블로그의 다른 글이 될 수도 있고 유튜브 영상일 수도 있다. 블로그의 체류 시간을 늘릴 수 있는 좋은 방법이기 때문에 꼭 활용하는 것이 좋다.

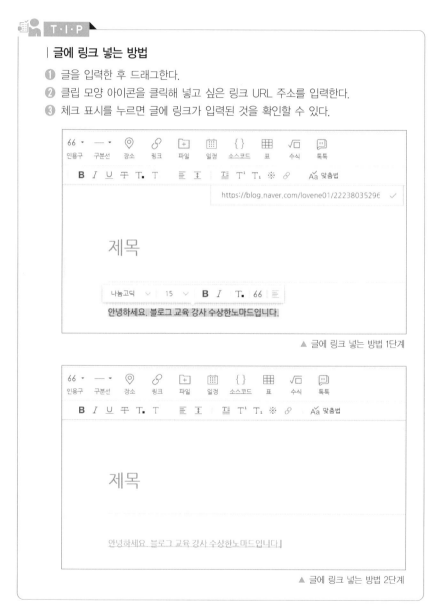

| 글에 링크 넣는 방법

① 글을 입력한 후 드래그한다.
② 클립 모양 아이콘을 클릭해 넣고 싶은 링크 URL 주소를 입력한다.
③ 체크 표시를 누르면 글에 링크가 입력된 것을 확인할 수 있다.

▲ 글에 링크 넣는 방법 1단계

▲ 글에 링크 넣는 방법 2단계

| 이미지에 링크 넣는 방법

① 링크 넣고 싶은 이미지를 불러온다.

② 이미지를 클릭한 후 클립 모양 아이콘을 클릭해 넣고 싶은 링크 URL 주소를 입력한다.

③ 체크 표시를 누르면 이미지에 링크가 입력된 것을 확인할 수 있다.

(이미지 하단 오른쪽에 클립 모양의 아이콘이 있다.)

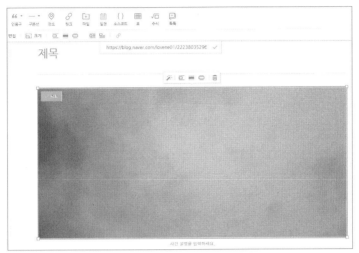

▲ 이미지에 링크 넣는 방법 1단계

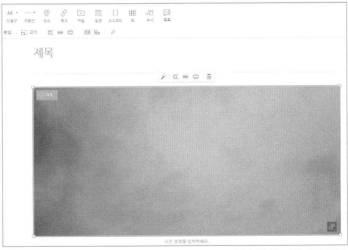

▲ 이미지에 링크 넣는 방법 2단계

| 이미지에 전화번호 링크 연결하는 방법

① 전화번호 링크 넣고 싶은 이미지를 불러온다.

② 이미지를 클릭한 후 클립 모양 아이콘을 클릭해 tel:010-0000-0000 입력한다 (전화번호 입력하기).

③ 체크 표시를 누르면 이미지에 전화번호 링크가 입력된 것을 확인할 수 있다. (이미지 하단 오른쪽에 클립 모양의 아이콘이 있다.)

▲ 이미지에 전화번호 링크 넣는 방법 1단계

▲ 이미지에 전화번호 링크 넣는 방법 2단계

07 이미지는 무조건 필수로 넣어라

블로그는 글을 기반으로 한 플랫폼이기는 하지만 이미지 역시 상당히 중요하다. 블로그 글을 읽는데 이미지는 없고 글만 있다면 지루함을 느끼기 쉽다. 그래서 블로그 글을 적을 때 최소 1장 이상 이미지를 넣는 것이 좋다.

▲ 블로그의 글감 탭 기능으로 이미지 찾기

그렇다면 이미지는 어디서 찾을 수 있을까? 대표적으로 저작권 걱정 없는 무료 이미지 사이트인 '픽사베이', '언스플래쉬'가 있다. 픽사베이는 일러스트가 많고 언스플래쉬는 외국 이미지가 많다. 직접 해당 사이트에 들어가서 이미지를 다운받을 수 있다. 이미지를 찾는 다른 방법으로 블로그 글을 쓰는 페이지 오른쪽 상단에 '글감' 탭이 있다. 글감 탭에서 원하는 이미지의 키워드를 검색해서 이미지를 사용해도 된다.

템플릿을 이용해 이미지를 만들고 싶다면 미리캔버스 디자인 사이트를 이용하는 것이 좋다. 디자인에 자신이 없더라도 템플릿이 있기 때문에 누구나 쉽게 디자인 편집을 할 수 있다. 템플릿의 텍스트를 수정하거나 배경 색상 변경, 이미지를 바꾸면 된다.

이미지를 넣을 때 중요한 것은 글의 주제와 관련된 이미지를 넣어야 하는 것이다. 글의 주제와 관련 없는 이미지를 넣게 되면 검색 노출에 안 좋은 영향을 준다. 그러므로 반드시 글의 주제와 관련된 이미지를 넣어야 한다.

그렇다면 어떤 이미지를 사용하면 좋을까? 보통 무료 이미지 사이트에서 다운받은 이미지를 사용하거나 캡처한 이미지를 사용할 것이다.

가장 좋은 것은 직접 찍은 고화질의 이미지를 사용하는 것이다. 직접 찍은 고화질의 이미지를 사용하는 것을 원칙으로 하되 이미지가 없으면 무료 이미지 사이트에서 찾은 이미지, 블로그 글감 탭에서 찾은 이미지, 템플릿 이미지, 캡처한 이미지를 사용하면 된다.

블로그 글을 적을 때 이미지를 넣는다면 사람들이 글을 읽기 더 편리할 것이다. 글의 성격에 따라 다르지만 1개의 글에 3~10개 정도 이미지를 넣는 것이 좋다. 여건이 되면 글의 주제와 관련된 동영상도 넣으면 좋다. 동영상은 필수로 넣을 필요는 없지만, 이미지는 무조건 넣는 것이 좋다.

08 생동감을 원한다면 스티커를 넣어라

블로그 글을 쓰고 읽어보면 딱딱한 느낌이 들 때가 있다. 그래서 글에 활력을 주고 싶을 때가 있다. 글을 적을 때 스티커를 활용하면 좋다. 스티커는 우리가 일반적으로 아는 카카오톡의 이모티콘과 비슷하다.

스티커는 정적인 스티커와 동적인 스티커로 나뉘게 되는데 정적인 스티커는 움직이지 않는 반면 동적인 스티커는 움직인다. 동적인 스티커를 사용하면 글에 활력을 줄 수는 있지만 반대로 번잡하게 보일 수 있다. 동적인 스티커는 '재생' 표시가 있어 쉽게 찾을 수 있다.

무료로 사용 가능한 스티커도 있지만 OGQ 마켓에 들어가 돈을 주고 스티커를 구매할 수 있다. 천 원만 투자하면 예쁜 스티커를 구매할 수 있고 다른 사람에게 선물도 가능하다. 만약, 퍼스널 브랜딩을 위해 스티커를 사용하고 싶다면 OGQ 마켓에서 스티커를 구매 후 사용하는 것을 추천한다. 왜냐하면 무료로 제공되는 스티커는 이미 다른 사람들도 많이 사용하고 있어서 차별화를 주기 어렵다.

스티커를 보고 글을 적은 사람이 '나'라는 것을 알 수 있으면 퍼스널 브랜딩에 도움이 된다. 실제로 아는 블로그 이웃분 중에는 퍼스널 브랜딩을 위해 독특한 스티커를 사용하기도 한다. 퍼스널 브랜딩을 위해 스티커를 선택할 때는 블로그의 운영 방향에 맞는 스티커를 선택하는 것이 좋다. 예를 들어, 리뷰를 많이 하는 블로그라면 리뷰와 관련된 스티커를 선택하는 것이 좋다. 금융, 재테크와 관련된 주제의 블로그를 운영한다면 금융, 재테크 스티커를 선택하는 것이 좋다. 즉, 블로그의 색깔에 맞는 스티커를 선택해야 한다.

스티커는 1개의 글에 5장 이하로 사용하는 것이 좋다. 스티커가 너무 많으면 글을 읽는데 방해가 되기 때문이다. 글의 앞부분이나 글의 흐름이 바뀔 때, 글을 마무리할 때 스티커를 1장씩 넣어주는 것을 추천한다.

블로그 글에 생동감을 느끼게 하고 싶다면 스티커를 사용하자. 적당한 스티커 사용은 독자들이 글을 읽는 재미를 느낄 수 있고 글의 혈액 순환에도 도움이 된다.

09 경험, 스토리를 자연스럽게 적어라

당신만이 가지고 있는 특별한 경험이나 스토리가 있는가? 블로그 글을 적을 때 글의 주제와 관련된 경험, 스토리를 자연스럽게 풀어서 적는 것이 좋다. 예를 들어, 중고물품 판매와 관련된 글을 적는다면 중고물품 거래한 경험, 스토리를 자연스럽게 풀어서 적는 것이다. 사람들은 경험, 스토리가 담겨있는 글을 좋아한다.

▲ 천연비누 동업 스토리

경험, 스토리를 자연스럽게 풀어내면 사람들이 글을 읽기 편하다. 또한 공감대가 형성되어 사람들과 교류하는 데 도움이 된다. 경험, 스토리가 어떤 것이어도 좋다. 아르바이트, 군대, 연애, 어린 시절 이야기 모두 독자들에게 울림을 줄 수 있다.

중요한 것은 경험, 스토리를 맥락에 맞게 자연스럽게 풀어내는 것이다. 솔직하게 힘을 빼고 적으면 된다. 독자들은 날 것을 좋아하기 때문에 경험, 스토리를 있는 그대로 전달하는 것이 좋다. 조금이라도 과장하면 읽기 거북해질 수 있다.

'지금까지 살아오면서 당신이 겪은 특별한 경험은 무엇인가? 그리고 그 경험은 왜 특별한가?' 이를 노트에 정리해보면 어떤 주제로 글을 적어야 할지 알 수 있고 글을 적을 때 경험, 스토리를 자연스럽게 풀어내는 데 도움이 될 것이다.

당신이 겪은 경험은 어떤 것이든지 매우 특별한 것이다. 특별한 경험을 결코 하찮게 생각해서는 안 된다. 당신이 겪은 경험을 블로그에 꾸준히 기록한다면 생각지도 못한 기회를 얻을 수 있다. 혹시 아는가? 특별한 경험을 주제로 책 출간, 강의, 인터뷰, 방송 출연 제의가 올 수 있다. 사람 일은 아무도 모른다.

기회는 스스로 만드는 것이다. 당신이 겪은 경험을 마음속에만 담아두지 말고 블로그에 꾸준히 기록해보자. 상상하지도 못한 기회가 찾아올 것이다.

10 핵심 메시지를 기억하고 글을 써라

블로그 글을 적을 때 핵심 메시지를 기억하고 글을 적는 것과 기억하지 않고 글을 적는 것은 차이가 있다. 핵심 메시지란 독자에게 반드시 전달하고자 하는 메시지를 의미한다. 여행, 맛집, 일상과 관련된 글은 굳이 핵심 메시지가 없어도 된다. 하지만, 정보, 노하우를 알려주는 글은 핵심 메시지가 반드시 필요하다. 하나의 글에 핵심메시지가 반드시 1개일 필요는 없다. 핵심 메시지가 여러 개여도 상관없다. 중요한 것은 하나의 글에 핵심 메시지가 최소 1개는 있어야 한다는 것이다.

예를 들어, '강의할 때 떨지 않고 말하는 방법'이라는 주제로 글을 적는다면 강의할 때 떨지 않고 말을 잘할 수 있는 방법을 명확하게 전달해야 한다. 그 방법이 자세를 바르게 하는 것과 관련이 있으면 핵심 메시지로 전달해야 한다. 핵심 메시지는 소주제에 해당하기에 인용구로 활용하는 것이 좋다.

또 다른 예를 들어보자. '주식을 처음 시작할 때 꼭 알아야 하는 것'이라는 주제로 글을 적는다면 주식을 처음 시작할 때 꼭 알아야 하는 것이 무엇인지 명확하게 전달해야 한다. 역시 핵심 메시지는 인용구로 활용하는 것이 좋다.

정보, 노하우를 알려주는 글을 적을 때는 핵심 메시지를 기억하고 글을 쓰는 것이 상당히 중요하다. 독자들에게 꼭 알려주고 싶은 내용이 있다면 그것이 핵심 메시다. 핵심 메시지는 인용구 외에 글자 크기, 폰트, 글자 색상을 바꿔서 강조하는 것도 좋은 방법이다.

블로그를 하는 대다수의 사람들이 키워드와 상위노출에 관심이 많다. 시간을 투자해서 적은 글이 상위노출 되었으면 좋겠고 상위노출이 되려면 키워드를 알아야 한다고 생각한다.

키워드와 상위노출은 연결고리를 가진다. 키워드를 제목, 본문에 적절히 적어야 상위노출에 도움이 되고 반대로 상위노출을 위해서도 키워드가 중요하다. 결국 상위노출 하기 위해서는 키워드를 잘 찾아야 한다.

키워드는 블로그 포스팅할 때만 사용하는 것으로 알고 있으나 알게 모르게 일상에서도 많이 사용한다. 인터넷으로 제품을 구매할 때 제품명, 브랜드를 검색하는데 키워드라고 할 수 있다. 제품을 판매할 때도 마찬가지다. 제품이 검색되게 하기 위해 키워드를 조합해서 제품명을 적는다.

키워드의 핵심은 사람들이 검색하는 키워드를 찾는 것이다. 너무 어렵게 생각할 필요는 없다. 평소 정보를 찾을 때 어떻게 검색하는지 생각해보면 사람들이 검색하는 키워드를 알 수 있다. 블로그 통계의 검색유입을 확인하면 사람들이 검색하는 키워드를 대략적으로 알 수 있다.

또한 네이버 키워드광고, 키워드마스터, 블랙키위 사이트에서 사람들이 검색하는 키워드를 쉽게 알 수 있다. 하지만, 매번 사이트에 들어가야 하기에 다소 귀찮을 것이다. 비교적 시간을 덜 들이고 키워드를 찾는 좋은 방법은 자동완성서비스 키워드를 사용하는 것이다. 사람들이 검색하는 키워드를 보여주기 때문에 키워드 그대로 사용하면 좋다.

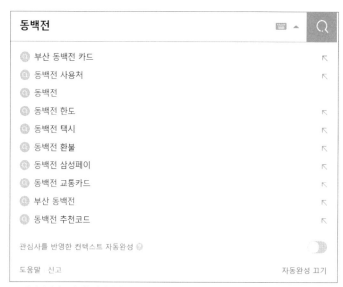

▲ 네이버에 '동백전'검색하면 자동으로 뜨는 자동완성서비스 키워드
  • 자동완성서비스 키워드를 참고해서 동백전 주제로 제목 짓기
  • 제목 : 예시) 부산 동백전 카드 사용처, 한도 소개(삼성페이, 택시 교통카드 환불 방법)

▲ 네이버에 '가계부'검색하면 자동으로 뜨는 자동완성서비스 키워드
  • 자동완성서비스 키워드를 참고해서 가계부 주제로 제목 짓기
  • 제목 : 예시) 가계부 어플, 앱 추천(엑셀 양식으로 쓰는 법)

그렇다면, 선택한 키워드로 글을 적으면 상위노출이 될지 안 될지 예측하는 방법이 있을까? 100% 적용되는 것은 아니지만 쉽게 예측할 수 있는 방법이 있다. 네이버에 키워드를 검색한 후 블로그 글을 살펴보는 것이다. 상위노출 되어 있는 글이 6개월 지났다면 상위노출 될 확률이 높다. 반대로 상위노출 되어 있는 글이 2시간 전, 1일 전, 2일 전, 3일 전, 7일 전 등 최근에 적은 글이 많다면 상위노출 되기 힘들다.

키워드에 대한 수요는 언제든지 많아질 수 있고 적어질 수 있다. 그래서 우리는 공급이 적은 키워드를 찾아야 한다. 선택한 키워드로 글을 적은 사람들이 비교적 적어야 상위노출에 유리하다.

공급이 적은 키워드는 어떻게 찾을 수 있을까? 방법은 간단하다. 황금 소재를 찾으면 된다. 황금 소재를 찾기 위해서는 콘텐츠에 관심을 가지고 깊게 공부해야 한다. 간혹 블로그 방문자 수를 늘리고 상위노출을 위해서 키워드를 돈 주고 구매하는 사람들도 있다. 제대로 된 콘텐츠 없이 방문자 수가 많고 상위노출이 된다고 한들 무슨 의미가 있겠는가? 소 잃고 외양간 고치는 격이다.

키워드와 상위노출은 연결고리를 가진다. 많은 사람들이 키워드 찾는 것을 힘들어하고 상위노출로 스트레스를 받지만, 황금 소재를 찾으면 저절로 해결된다.

본질에 집중하면 부차적인 것은 저절로 얻어진다. 결국 콘텐츠에 관심을 가지고 황금 소재를 찾아 블로그 포스팅을 꾸준히 하는 것이 블로그 성장을 위해서라도 가장 좋은 방법이다.

POINT 블로그로 퍼스널 브랜딩 하는 방법

블로그 글을 꾸준히 쓰기 시작하면 퍼스널 브랜딩을 하고 싶을 것이다. 블로그가 나의 브랜드가 되도록 하는 것이다. 블로그로 퍼스널 브랜딩을 한다면 책 출간, 강의, 인터뷰, 온라인 동영상, 방송 출연, 협찬 등의 제안이 올 수 있다. 블로그로 퍼스널 브랜딩 하는 방법에 대해 자세히 알아보자.

첫째, 블로그 닉네임이 독특해야 한다.

블로그 닉네임은 가게에 비유하면 가게 이름이라고 할 수 있다. 음식점, 카페에 갈 때 어떤 브랜드인지 확인하고 가는 것처럼 블로그 닉네임은 나를 대표할 수 있어야 한다.

블로그 닉네임은 무조건 독특해야 한다. 독특해야 사람들의 기억 속에 남기 때문이다. 간혹 영어 닉네임을 사용하는 사람들이 있는데 추천하지 않는다. 영어 닉네임은 사람들이 기억하기 상당히 어렵다.

블로그 닉네임을 정할 때는 네이버, 유튜브에 검색해보고 검색 결과가 없는 닉네임을 사용해야 한다. 닉네임을 정했으면 반드시 상표권 등록을 하는 것을 추천한다. 상표권 등록을 해야 닉네임을 지킬 수 있다.

▲ 블로그 제목에 닉네임을 포함하기

블로그 닉네임을 독특하게 정했다면 블로그 제목을 지어야 한다. 블로그 제목은 닉네임을 포함하는 것이 좋다. 블로그 제목에는 블로그의 방향성을 알 수 있거나 가치관을 포함하는 것이 좋다.

둘째, 블로그 세팅이 되어 있어야 한다.

여기서 세팅은 블로그 대문, 카테고리, 프로필, 구색을 갖춘 글을 의미한다. 다른 사람들이 블로그를 방문했을 때 어떤 일을 하는 사람인지 단번에 알 수 있어야 한다.

블로그 대문은 가게에 비유하면 인테리어라고 할 수 있다. 블로그 대문을 예쁘게 꾸민다면 사람들이 자주 찾아올 수 있다. 카테고리는 개수가 중요한 것은 아니다. 단, 카테고리를 보고 블로그의 정체성은 알 수 있어야 한다.

프로필은 신경을 써서 꾸미는 것이 좋다. 프로필 이미지는 프로필 사진을 사용하는 것이 가장 좋다. 프로필 사진을 사용하면 확실히 전문적인 느낌이 있다. 직업에 맞는 이미지를 사용해도 된다. 만약, 강사라면 강의하고 있는 사진을 사용하면 되고, 작가라면 출간한 책 사진을 사용하면 되고, 쇼핑몰과 같은 사업을 한다면 사업장 로고를 사용하면 된다.

프로필 소개를 적을 때는 직업, 가치관, 취미, 블로그 콘텐츠 소개를 하는 것이 좋다. 프로필 소개에 이메일 주소를 남기는 것도 좋다. 이메일 주소를 보고 체험단, 기자단, 협찬, 강의, 책 출간, 인터뷰 제의가 올 수 있기 때문이다.

셋째, 블로그로 '나'를 지속적으로 알려야 한다.

퍼스널 브랜딩을 위한 마지막 단계는 블로그로 '나'를 지속적으로 알리는 것이다. 글을 꾸준히 발행하는 것도 중요하지만 '나'를 알리는 것도 매우 중요하다.

그렇다면, '나'를 어떻게 알릴 수 있을까? 여러 방법이 있지만, 대표적으로 강의, 모임, 프로젝트, 책을 통해서 알릴 수 있다. 가장 효과적인 방법은 강의를 하는 것이다. 강의를 하는 것은 다른 사람들보다 해당 분야에 대해 더 많이 알고 있다는 것을 증명할 수 있기 때문에 전문가로 인정받을 수 있다. 강의를 하고 책을 출간한다면 시너지 효과를 만들 수 있다.

강의를 하지 않더라도 모임, 프로젝트를 통해서 '나'를 알릴 수 있다. 퍼스널 브랜딩도 결국 사람이 중요하다. 나를 믿어주는 사람이 있어야 하고 그 사람들이 퍼스널 브랜딩을 하도록 도움을 준다. 잘 만든 모임, 프로젝트는 퍼스널 브랜딩을 하는데 분명 도움이 된다.

결국 강의, 모임, 프로젝트, 책 모두 후기가 중요하다. 후기를 어떻게 모으는가에 따라 퍼스널 브랜딩에 차이가 있을 수 있다. 후기의 중요성을 인지하고 사람들에게 후기를 부탁해야 한다. 네이버에 닉네임을 검색했을 때 블로그 후기가 많아야 한다.

블로그로 퍼스널 브랜딩 하는 방법은 위에 언급한 3가지 방법 외에 다양한 방법이 있을 것이다. 하지만, 위에 언급한 3가지 방법만 잘 숙지하고 적용한다면 블로그로 퍼스널 브랜딩을 하는데 문제가 없다.

세상에서 가장 쉬운 네이버 블로그 글쓰기

NAVER blog **.ZIP**

PART 03

블로그 글쓰기로 쓰면
좋은 주제

01 _부족하지만 반드시 극복하고 싶은 것

02 _나에게 지금 가장 필요한 책 서평

03 _목돈 굴리는 과정

04 _버킷리스트

05 _자격증 준비 과정

06 _자기계발

07 _블로그 기능

08 _취미활동

09 _최고의 장점

10 _어플 소개

11 _쉽게 배우는 방법

12 _인생에서 가장 ~했던 순간

13 _돈을 주고도 못 바꾸는 경험

14 _현재 공부, 교육, 연구하는 분야

15 _늘 미뤄왔던 것

16 _스스로 찾는 맛집 탐방

17 _며칠 만에 끝내기

18 _플랫폼 도전기

19 _현재 하고 있는 사업

20 _블로그 성장 과정

TIP : 블로그 글쓰기로 쓰면 좋은 주제 추가 리스트 20개

01 부족하지만 반드시 극복하고 싶은 것

부족하지만 반드시 극복하고 싶은 것을 블로그에 적는다. 부족하지만 반드시 극복하고 싶은 것이 사람마다 최소 1개는 있다. 여기서 중요한 것은 '반드시 극복하고 싶은 것'이다. 사람의 의지는 생각보다 강하지 않다. 열정이 넘치더라도 곧바로 열정이 식는 것이 정상이다.

그런데, 블로그라는 플랫폼을 이용하면 말이 달라진다. 블로그에 부족하지만 반드시 극복하고 싶은 것을 포스팅하면 다른 사람들도 보기 때문에 열심히 할 수밖에 없다. 그리고 자연스럽게 실력이 늘게 된다.

예를 들어, 멋진 몸을 만들고 싶은데 몸이 왜소하다면 운동하는 과정을 블로그에 기록하자. 적게는 몇 달, 많게는 몇 년 뒤에 몸짱이 되어 있을 것이다.

독서를 하고 싶은데 매번 책 읽는 것을 포기했었다면 이번 기회에 블로그에 책 리뷰를 올려보자. 몇 달 뒤에는 책 읽는 것이 세상에서 가장 재밌을지도 모른다.

아침 일찍 일어나고 싶은데 매번 늦잠 자서 자신에게 실망했다면 블로그에 기상 시간 인증을 하고 아침에 무엇을 할 것인지 간략하게 적어보자. 몇 달 뒤에는 아침 일찍 일어나는 것이 비교적 수월할지 모른다.

미니멀 라이프를 하고 싶은데 치우는 것이 부담이 돼서 그동안 못했다면 블로그에 매일 물건 1개씩 버리는 것을 인증하자. 한 달이면 30개의 물건을 버릴 수 있고 깨끗해진 내 집을 발견할 수 있을 것이다.

이처럼 부족하지만 반드시 극복하고 싶은 것이 있다면 용기를 내서 블로그에 기록하자. 블로그에 기록하는 것만으로도 주위 사람들이 당신을 응원할 것이고 당신은 부족한 것을 반드시 극복할 수 있을 것이다.

나에게 지금 가장 필요한 책 서평

나에게 지금 가장 필요한 책을 읽고 블로그에 서평을 적는다. 나에게 필요한 책을 읽고 서평을 적는 것은 시간 절약과 동시에 가장 빠르게 성장하는 방법이다.

보통 책을 읽는다고 하면 지금 당장 필요하지 않은 책을 읽는 경우가 많다. 자기계발을 목적으로 책을 읽는다고 하지만 오히려 자기계발의 함정에 빠지는 것이다. 시간은 무한한 것이 아니라 유한하다. 한정된 시간 안에 좋은 결과를 내려면 반드시 지금 가장 필요한 책을 읽는 연습을 해야 한다.

평소에 '나에게 지금 가장 필요한 책은 무엇인가?'라고 스스로 물어봐야 한다. 예를 들어, 주식을 시작하고 싶은데 주식에 대해 아예 모른다면 주식과 관련된 책을 읽어야 한다.

유튜브를 처음 시작하는데 어떻게 채널을 운영해야 하는지 감이 안 잡힌다면 유튜브 채널 운영 방법에 대해 자세히 언급되어 있는 책을 읽어야 한다. 온라인 마케팅을 어떻게 하는지 알고 싶은데 방법을 모른다면 온라인 마케팅 방법에 대해 자세히 기술되어 있는 책을 읽어야 한다.

책을 읽고 서평 적는 것에 대해 부담을 가질 필요는 없다. 왜냐하면 서평에 정답은 없기 때문이다. 책 소개, 책의 줄거리, 책을 읽고 느낀 점, 실천한 것 등을 정리해서 적으면 된다.

서평은 저자를 위해 적는 것이 아니라 '나'를 위해 적는 것이다. 나에게 도움 되는 방향으로 내용을 정리해 블로그에 기록하면 된다. 블로그는 저장의 기능이 있기 때문에 서평 적은 것을 추후에 다시 읽어보면 책 내용을 빠르게 알 수 있는 장점이 있다.

A4 용지를 꺼내 어떤 주제의 책이 가장 필요한지 우선순위대로 적어보자. 나에게 지금 가장 필요한 책을 읽고 서평을 적는 것은 최고의 인풋과 아웃풋이라고 할 수 있다.

03 목돈 굴리는 과정

목돈 굴리는 과정을 블로그에 적는다. 기간과 목표 액수를 미리 정하는 것이 좋다. 예를 들어, '3개월 만에 200만 원 모으기', '6개월 만에 500만 원 모으기', '1년 만에 천만 원 모으기' 이렇게 정한다.

그리고 목돈을 굴려 나가는 과정을 블로그에 적는다. 목돈 굴리기 위한 방법은 예금, 적금, 펀드, 앱테크, 공모주 청약, 주식, 부동산이 있다. 책을 집필해서 수익을 얻는다면 인세 수입도 목돈 굴리는 과정에 해당된다.

평소에 과소비를 하고 있다면 목돈 굴리는 과정을 블로그에 적는 것만으로도 돈을 절약하는 효과가 있을 것이다. 그리고 돈을 모으는 재미를 발견할 것이다. 기간 안에 목돈을 모았다면 스스로에게 선물을 주는 것도 좋은 방법이다. 커피를 좋아한다면 커피와 디저트 세트, 쇼핑을 좋아한다면 마음에 드는 옷을 스스로에게 선물하는 것이다.

블로그에 목돈을 잘 모으는 방법을 정리해서 기록한다면 재테크 전문가가 되어 있을 것이다. 나중에 '목돈을 잘 모으는 방법'이라는 주제로 강의를 하거나 책을 집필할 수도 있다. 그리고 맞춤형 컨설팅을 통해 추가 수익도 올릴 수 있다.

목돈 굴리는 과정을 블로그에 적으면 돈 모으는 재미가 확실히 있고 실제로 돈을 많이 모을 것이다.

지금까지 돈 모으는 데 번번이 실패했다면 블로그에 목돈 굴리는 과정을 기록해보자. 당신은 누구보다 목돈을 잘 굴리기 위해 열심히 저축하고 돈에 대한 공부를 멈추지 않을 것이다.

04 버킷리스트

버킷리스트를 블로그에 적는다. 인생의 버킷리스트가 있다면 블로그에 적는 것이 좋다. 버킷리스트 주제를 묶어서 글을 적거나 개별적으로 글을 적으면 된다. 주제를 묶어서 글을 적는 것보다 개별적으로 글을 적는 것이 더 많은 글감을 만들어 낼 수 있다.

예를 들어, 세계 일주하는 것이 버킷리스트라면 '저의 버킷리스트는 세계 일주하는 것입니다.'라고 포괄적으로 적는 것보다 '저의 버킷리스트는 일본 여행하는 것입니다.', '저의 버킷리스트는 미국 여행하는 것입니다.', '저의 버킷리스트는 이탈리아 여행하는 것입니다.' 이렇게 적으면 더 많은 글감을 만들어 낼 수 있다.

버킷리스트를 거창한 것으로 정해야만 할 필요는 없다. 누군가는 '운전면허 취득', '패러글라이딩', '템플스테이', '책 쓰기', '바디프로필 촬영', '제주도 여행', '타 유튜브 채널에 출연하기'가 버킷리스트일 수도 있다. 버킷리스트는 누가 정해주는 것이 아닌 스스로가 진정으로 원하는 것을 찾으면 된다.

버킷리스트를 블로그에 적는 것만 해도 가슴이 뛰고 당장 꿈을 이루고 싶은 마음이 들 것이다. 버킷리스트를 글감으로 활용할 때 추천하는 방법은 버킷리스트를 차례대로 정리해서 블로그에 적고 공지로 등록한다. 그리고 버킷리스트를 실행할 때마다 블로그에 꿈을 이룬 것을 적는다. 이렇게 하면 성취감을 더욱 잘 느낄 수 있을 것이다.

버킷리스트가 반드시 많아야 할 필요는 없다. 그리고 거창할 필요도 없다. 그동안 하고 싶었던 것을 도전한다는 마음으로 적어보자. 인생을 열심히 살아야겠다는 동기부여가 되고 블로그를 하는 재미도 있을 것이다.

05 자격증 준비 과정

자격증 준비 과정을 블로그에 적는다. 자격증 시험을 준비하고 있다면 합격에 도움이 되는 좋은 방법이다.

자격증 공부하고 있는 것을 블로그에 적으면 다른 사람들도 보기 때문에 동기부여가 된다. 그리고 같은 시험을 준비하는 사람들과 소통하며 정보를 얻을 수 있다.

예를 들어, 직업상담사 2급 자격증 시험을 준비한다면 시험공부 하고 있는 장면을 촬영해서 블로그에 기록하는 것이다. 오늘 공부한 것을 사진 찍어 블로그에 간단히 남기는 것만으로도 성취감이 클 것이다. 책의 내용 사진을 올릴 때는 모자이크 처리를 하는 것이 좋다. 블로그 스마트에디터에 모자이크 처리를 할 수 있는 기능이 있다. 또한 필기한 것이 있으면 필기 내용을 사진 찍어 올려보자. 직업상담사 2급 자격증 시험에만 국한되는 것이 아니다. 모든 자격증 시험에 접목시킬 수 있다.

사진을 찍어 블로그에 올리는 것이 민망하거나 귀찮다면 오늘 공부하면서 느낀 점을 글로 간단히 적는 것도 좋은 방법이다. 예를 들어, '기출문제를 푸는데 너무 어렵다. 머리를 식히기 위해 아이스 아메리카노를 사 먹었다.', '포기하고 싶을 정도로 힘들지만, 합격의 달콤함을 느끼고 싶다.' 이렇게 적는 것이다. 공부하면서 있었던 일을 블로그에 적으면 나중에 시험이 끝나고 블로그 글을 읽어봤을 때 소중한 추억이 될 것이다.

그리고 자격증 시험에 합격한다면 합격 후기와 함께 자격증 시험 합격하는 방법을 칼럼 형식으로 정리해서 블로그에 적어보자. 혹시 아는가? 해당 자격증 시험 합격 방법에 대한 주제로 강의 제안이 와서 강의를 할 수 있다. 혹은 코칭을 하거나 전자책을 작성해서 부수입을 얻을 수도 있다.

자격증 시험을 준비한다면 준비 과정을 블로그에 적어보자. 더 열심히 공부하는 원동력이 되고 합격할 확률도 높아질 것이다. 그리고 열심히 공부했던 그 순간을 블로그는 기억할 것이다.

자기계발을 블로그에 적는다. 자기계발의 종류는 많다. 대표적으로 감사일기, 미라클모닝, 미니멀 라이프, 명상, 묵상, 독서, 요가, 운동 등이 있다.

자기계발을 블로그에 적는 것은 성장을 위한 좋은 방법이다. 자기계발은 꾸준히 하기가 어렵다. 그런데 블로그에 적으면 꾸준히 지속할 수 있는 원동력이 된다. 그 이유는 사람들이 보기 때문이다. 자기계발을 하고 있다면 세상에 알려야 한다. 세상에 공개를 해야 빠르게 성장할 수 있다.

주위를 둘러보면 블로그를 자기계발을 위한 용도로 활용하는 사람들이 많다. 그들은 1일 차, 2일 차, 3일 차, 7일 차, 100일 차 등 매일 실천하는 것에 성취감을 느낀다. 예를 들어, 감사일기 1일 차, 감사일기 2일 차, 감사일기 3일 차, 감사일기 7일 차, 감사일기 100일 차 이렇게 적는 것이다.

한 가지 기억해야 할 것은 자기계발 하는데 이유가 있어야 한다는 것이다. 남들이 미라클모닝이 좋다고 미라클모닝을 해보지만, 며칠 안 돼서 포기하고 만다. 그 이유는 미라클모닝을 할 이유를 찾지 못했기 때문이다.

미라클모닝을 자기계발로 하고 싶다면 왜 미라클모닝을 해야 하는지 곰곰이 생각해보자. 새벽 시간에 독서를 하고 싶은 것도 이유가 될 수 있고 운동을 하고 싶은 것도 이유가 될 수도 있다. 아침에 해야 할 것을 명확히 알아야 미라클모닝을 지속할 수 있다.

　블로그를 성장의 척도로 활용하고 싶다면 자기계발 하고 있는 것을 포스팅해보자. 공개 설정은 '비공개'가 아닌 '공개'로 해야 한다. 다른 사람들에게 알려야 적당한 긴장감을 가지고 자기계발을 지속할 수 있기 때문이다.

07 블로그 기능

　　　　　　블로그 기능을 블로그에 적는다. 블로그 포스팅하면서 새로운 기능을 알게 되면 즉시 적는 것이 좋다. 블로그를 처음 시작하는 사람들을 독자로 정하면 된다. 그들의 눈높이에서 이해하기 쉽도록 작성해야 한다.

　스크랩하는 방법, 스킨 적용하기, 레이아웃 꾸미기, 카테고리 만들기, 상단 메뉴 설정하기, 애드포스트 신청하기, 닉네임 정하기, 블로그 제목 정하기, 프로필 사진 만들기, 프로필 소개 작성하기, 네이버톡톡 연결하기, 외부 채널 링크 연결하기, 모먼트 만들기, 블로그 모바일 어플 사용법, 공지사항 등록하기, 예약발행 등록하기, 동영상 첨부하기, 이웃 신청하기, 글에 링크 넣기, 사진에 링크 넣기 등 블로그와 직, 간접적으로 관련된 기능은 많다.

　블로그를 하면서 알게 된 기능을 기록하면 블로그를 이제 막 시작하는 사람들이 당신의 블로그를 자주 찾을 것이다. 그리고 당신은 블로그 전문가가 되어 있을 것이다.

취미활동

취미활동을 블로그에 적는다. 취미는 동적인 것과 정적인 것이 있다. 동적인 것은 수영, 배드민턴, 등산, 축구, 야구, 배구, 농구 등이 해당되고 정적인 것은 바둑, 오목, 온라인 게임, 독서, 책 쓰기, 영화 감상 등이 해당된다.

취미활동을 블로그에 적는 것은 블로그를 하나의 여가 수단으로 활용하는 방법이다. 기록하는 것만으로도 삶의 행복을 느낄 수 있다. 취미가 많다면 어떤 것을 블로그에 적어야 하는지 고민이 될 것이다. 답은 간단하다. 스스로 성장 하는데 도움이 되는 취미를 선택하는 것이 좋다. 성장하는데 도움이 되는 취미는 사람마다 다르다. 정답이 없기 때문에 자유롭게 선택하면 된다.

취미가 돈이 될 수도 있다. 우리는 경험이 돈이 되는 시대에 살고 있다. 취미가 있다면 재능 마켓, 블로그, 네이버 카페, 스마트 스토어를 이용해 사람들을 모집해서 원데이 클래스 수업을 하면 된다. 혹은 스터디를 만들어 유료 모임을 진행하는 방법도 있다. 동적인 취미는 실습이 포함된 원데이 클래스가 좋고 정적인 취미는 사람들이 함께 모일 수 있는 스터디가 좋다.

취미가 있다면 블로그에 적어보자. 취미를 잘 활용하면 원데이 클래스, 유료 모임으로 돈을 벌 수 있다. 지금은 취미, 경험이 돈이 되는 시대임을 절대 잊지 말자.

09 최고의 장점

최고의 장점을 블로그에 적는다. 글씨 잘 쓰는 것, 말을 유머러스하게 하는 것, 옷을 잘 입는 것, 타인의 말을 잘 들어주는 것, 영상편집을 잘하는 것, 아이디어가 많은 것 등 최고의 장점은 무수히 많다.

"저에게는 최고의 장점이 없어요."라고 말할 수 있지만 사람마다 최고의 장점이 최소 1개는 있다. 다만, 그 장점을 못 찾았을 뿐이다. 그렇다면 최고의 장점을 블로그에 적어야 하는 이유는 무엇일까? 그 이유는 인생을 살아가는 원동력, 자신감이 되기 때문이다.

그리고 주제의 폭을 넓혀 전문성 있는 글을 적는다면 그 분야의 전문가가 될 수 있다. 예를 들어, 글씨 잘 쓰는 것은 '캘리그라피'로 주제의 폭을 넓힐 수 있다. 타인의 말을 잘 들어주는 것은 '상담'으로 주제의 폭을 넓힐 수 있다. 영상편집을 잘하는 것은 '유튜브'로 주제의 폭을 넓힐 수 있다.

중요한 것은 최고의 장점이 돈이 된다는 사실이다. 강의, 코칭, 책, 스터디, 온라인 동영상으로 수익을 얻을 수 있다. 최고의 장점이 있다면 블로그에 적어보자. 주제의 폭을 넓혀 전문적인 글을 꾸준히 적는다면 한 분야의 전문가가 될 것이다. 그리고 파이프라인 수익 시스템을 만들어간다면 뜻밖의 부수입이 생길 것이다. 최고의 장점이 돈이 되는 순간이다.

10 어플 소개

자주 사용하거나 새롭게 알게 된 어플을 블로그에 적는다. 자주 사용하는 어플은 평소에 많이 사용하기에 어플의 장, 단점을 비교해서 적기 수월하다. 새롭게 알게 된 어플은 아직 많이 사용해본 것은 아니므로 간단한 어플 소개, 사용 리뷰를 적는 것이 좋다.

컨셉을 정해서 어플을 소개하면 효과적이다. 예를 들어, '중고거래 어플', '시간관리 어플', '건강관리 어플', '기프티콘 어플', '명언 어플', '프리랜서 마켓 어플', '도서 어플', '음악 어플', '배달음식 어플', '설문조사 어플' 등이 있다.

컨셉을 정해 어플을 소개하면 사람들의 이목을 끄는 장점이 있다. 어플에서 하는 이벤트, 할인과 관련된 정보를 적는 것도 좋다. 단, 어플 이벤트와 할인은 조기 종료 되는 경우가 많다.

블로그에 어플 소개를 해서 돈을 벌 수도 있다. 추천인을 적어 포인트를 모으는 것이다. 포인트는 기프티콘, 상품권, 현금으로 교환할 수 있다. 기프티콘, 상품권으로 교환하더라도 기프티콘 어플을 통해 판매하면 되기에 현금화를 할 수 있다.

여기서 중요한 것은 상위노출을 시켜야 한다는 것이다. 사람들이 '어플 이름+추천인'으로 네이버에 검색을 하기 때문에 상위노출 하는 것이 중요하다.

실제로 많은 사람들이 어플 소개를 할 때 추천인으로 돈을 벌고 있다.

자주 사용하거나 새롭게 알게 된 어플을 블로그에 적어보자. 특히 앱테크에 관심이 있다면 어플 소개는 시너지 효과를 낼 수 있는 소재라고 할 수 있다.

11 쉽게 배우는 방법

'쉽게 배우는 방법'을 블로그에 적는다. 사람들은 무언가에 대해 쉽게 배울 수 있다고 하면 흥미가 생기기 마련이다. 평소 잘 알고 있는 분야를 선택하는 것이 좋다.

예를 들어, 재테크에 대해 잘 알고 있다면 '쉽게 배우는 재테크' 컨셉으로 글을 적을 수 있다. 다이어트에 대해 잘 알고 있다면 '쉽게 배우는 다이어트' 컨셉으로 글을 적을 수 있다.

이 외에 '쉽게 배우는 온라인마케팅', '쉽게 배우는 운동', '쉽게 배우는 영어 회화', '쉽게 배우는 스마트폰 사용 방법', '쉽게 배우는 영상 편집', '쉽게 배우는 요리' 등 잘 알고 있는 분야가 있다면 마음껏 적용할 수 있다.

쉽게 배우는 방법의 글을 적을 때는 카테고리부터 만드는 것이 좋다. 예를 들어, 큰 카테고리를 '쉽게 배우는 재테크'로 정했다면 작은 카테고리를 '쉽게 배우는 주식', '쉽게 배우는 부동산', '쉽게 배우는 앱테크', '쉽게 배우는 투자'로 구성하면 된다.

글감 찾는 것이 어렵다면 다른 사람들의 블로그 글, 유튜브 영상의 제목을 보고 힌트를 얻어야 한다. 다른 사람들이 어떤 콘텐츠를 만들었는지 참고하면 글감을 많이 만들 수 있다.

또한 독자들이 궁금해하는 것, 내용을 쉽게 전달 할 수 있는 방법도 생각해야 한다. 결국 내용을 쉽게 전달하는 것이 컨셉이기 때문이다. 잘 알고 있는 분야가 있다면 쉽게 배우는 방법 컨셉으로 글을 적어보자. 관심사가 같은 사람들이 당신의 글을 읽을 것이다.

12 인생에서 가장 ~했던 순간

인생에서 가장 ~했던 순간을 블로그에 적는다. 스스로 삶을 돌아보면 인생에서 슬펐던 순간, 힘들었던 순간, 즐거웠던 순간, 행복했던 순간, 최고였던 순간, 고난을 극복한 순간 등 다양하다.

어떤 것이어도 과거의 삶을 블로그에 적는 것은 마음을 다스리는 데 큰 도움이 된다. 현재 더 열심히 살아야겠다는 동기부여가 되기도 한다. 어릴 때 친구들과 피구했던 추억이 즐거웠다면 블로그에 적으면 된다.

군대에 있는 것이 힘들었는데 전역할 때의 뿌듯함이 있었다면 블로그에 적으면 된다. 사업을 해서 망한 경험이 있다면 블로그에 적으면 된다. 지금은 웃을 수 있지만 천연비누 동업을 해서 망한 경험이 있다. 그 당시의 경험을 블로그에 적었다. 진솔한 이야기로 사람들의 공감을 이끌어낼 수 있었고 현재 하고 있는 비즈니스에 대입할 때 어떤 부분을 유의해야 하는지 알 수 있었다. 동업 이야기를 블로그에 적는 순간 그 당시 힘들었던 마음이 치유되었고 현재 하고 있는 비즈니스를 더 열심히 해야겠다는 생각이 들었다.

인생에서 힘들고 슬펐던 순간이라도 블로그에 기록하면 치유가 되고 앞으로 어떻게 대처해야 하는지 도움이 된다. 블로그에 적은 글을 생각날 때마다 읽어보면 강력한 동기부여가 될 것이다. 무엇보다 당신을 지지해주는 블로그 이웃분들이 있기에 삶을 열심히 살아가는 원동력이 될 것이다.

13 돈을 주고도 못 바꾸는 경험

돈을 주고도 못 바꾸는 경험을 블로그에 적는다. 인생을 살다 보면 값진 경험을 할 때가 있다. 돈을 주고도 못 바꾸는 경험을 하는 것이다. 코로나19 이전 베트남 여행을 일주일간 다녀왔는데 값진 경험이었다. 생각 이상으로 재미있었기 때문이다. 태어나서 해외여행을 처음 다녀왔기에 더 기억에 남는다. 돈을 주고도 못 바꾸는 경험이다.

해외여행 다녀온 것을 잊지 않기 위해 블로그에 적었다. 생각날 때마다 블로그 글을 읽으며 웃는다. 그리고 열심히 돈을 벌어서 해외여행을 다시 가자고 다짐하기도 한다. 해외여행을 다녀온 경험이 있으면 해외여행에서 있었던 일을 블로그에 적는 것이 좋다. 대부분의 사람들에게 해외여행은 돈으로 못 바꾸는 귀중한 경험이기 때문이다.

보통 대학교 시절 돈을 주고도 못 바꾸는 경험을 많이 한다. 돌이켜 보면 대학교 다닐 때 무박 2일로 창업캠프 다녀온 것, 창업동아리에 참여한 것, 아르바이트한 것, 학과 선배와 카페에서 밤새며 시험 공부한 것이 가장 기억에 많이 남는다. 이 외에 돈을 주고도 못 바꾸는 경험으로 연애, 결혼, 책 출간, 취업, 어린 시절 경험 등이 있다.

돈을 주고도 못 바꾸는 경험이 있다면 블로그에 적는 것이 좋다. 가슴이 따뜻해짐은 물론 삶을 살아가는 원동력이 될 것이다.

14 현재 공부, 교육, 연구하는 분야

현재 공부, 교육, 연구하는 분야를 블로그에 적는다. 이는 메인 콘텐츠로 활용하면 좋다. 양질의 콘텐츠가 쌓일수록 나의 전문성이 높아진다. 퍼스널 브랜딩이 되는 장점이 있다.

공부, 교육, 연구하는 분야가 어떤 것이어도 상관없다. 유튜브 영상 편집에 대해 배우고 있다면 영상 편집하는 방법을 블로그에 적으면 된다. 포토샵을 배우고 있다면 포토샵 하는 방법을 정리해서 블로그에 적으면 된다. 스마트폰 사용 방법에 대해 교육하고 있다면 스마트폰 사용 방법을 정리해서 블로그에 적으면 된다.

현재 공부, 교육, 연구하는 분야를 블로그에 적으면 전문적인 콘텐츠를 만들어 낼 수밖에 없다. 다른 사람들보다 해당 분야에 대해 더 많이 알고 있기 때문에 전문적인 콘텐츠, 창의적인 콘텐츠를 만들어 낼 수 있는 것이다. 단순히 콘텐츠로 활용할 것이 아니라 수익적인 측면도 생각해볼 수 있다.

예를 들어, 영상 편집을 공부하고 있다면 영상 편집하는 방법에 대해 블로그 포스팅한다. 영상 편집에 관심 있는 사람들이 모일 것이다. 상황을 보고 영상 편집 원데이 클래스, 외주 작업을 통해 수익을 얻을 수 있다. 주식에 대해 교육하고 있다면 국내주식, 해외주식을 정리해서 블로그 포스팅한다. 주식에 관심 있는 사람들이 모일 것이다. 역시 상황을 보고 주식 스터디, 강의,

코칭을 통해 수익을 얻을 수 있다.

　현재 공부, 교육, 연구하는 분야를 블로그에 적으면 복습하는 효과가 있고 콘텐츠가 쌓일수록 전문가로 인정받을 수 있다. 전문가로 인정받으면 돈을 버는 것은 시간문제다.

15 늘 미뤄왔던 것

늘 미뤄왔던 것을 블로그에 적는다. 늘 미뤄왔던 것은 앞으로도 못 지킬 확률이 매우 높다. 안부 전화, 방 청소, 미라클모닝, 독서, 운동, 자격증 취득, 가족과의 시간 등 미뤄왔던 것을 생각해보면 정말 많다. 우선 늘 미뤄왔던 것을 블로그에 소개하자.

만약, 방 청소하는 것을 늘 미뤄왔다면 '방 청소하는 것을 늘 미뤄왔습니다.'라는 제목으로 글을 적어보자. 그리고 미루게 된 이유, 해야 하는 이유, 실천 데드라인을 적는다.

예를 들어, 방 청소의 경우 다음과 같이 적을 수 있다.

1. 왜 미루게 되었는가?
   퇴근하고 집에 오면 너무 피곤해서 하기가 싫었다.

2. 해야 하는 이유
   물건이 어질러져 있으니 주위가 산만하다. 일하는 환경을 만들고 싶다.

3. 실천 데드라인
   O월 O일까지

늘 미뤄왔던 것을 블로그에 소개하면 다른 사람들이 보기 때문에 열심히 할 수밖에 없다. 이는 선언하기 효과로 실행을 빠르게 할 수 있는 좋은 방법이다. 데드라인 이내 실천하면 자신에게 선물을 주고 블로그에 실천했다는 것을 적어보자.

예를 들어, '방 청소 마침내 끝냈습니다.' 라고 포스팅하는 것이다. 블로그 이웃분들이 당신을 응원할 것이다. 당신 또한 미뤄왔던 일을 끝내서 마음이 후련할 것이다. 일석이조인 셈이다.

늘 미뤄왔던 것이 어떤 것이어도 좋다. 블로그에 먼저 소개해보자. 실행력이 빨라지는 것을 느낄 수 있을 것이다.

16 스스로 찾는 맛집 탐방

스스로 찾는 맛집 탐방을 블로그에 적는다. 맛집에 가는 것을 좋아한다면 음식을 먹고 블로그에 리뷰 글을 적으면 된다. 맛집은 음식점, 카페, 먹자골목, 뷔페 등 다양하다. 리뷰 글을 적을 때는 사진, 동영상이 특히 중요하다. 구도를 잡아 음식이 먹음직스러워 보이도록 해야 한다. 지도를 넣으면 글을 읽는 사람들이 맛집 위치를 보고 직접 찾아갈 수 있다.

스스로 찾는 맛집 탐방은 인스타그램, 유튜브를 참고해도 되지만 집 주변의 동네부터 탐방하는 것이 좋다. 집 근처에 생각보다 맛집이 많다. 숨어 있는 맛집을 탐방하는 것은 즐겁다.

맛집 탐방 리뷰 글을 적으면 음식 체험단을 신청할 때 도움이 된다. 음식 리뷰가 많으면 체험단 신청 시 선정될 확률이 높기 때문이다. 식비를 체험단으로 아끼는 사람들도 많다. 식비가 부담된다면 음식 체험단을 지원해보자.

맛집 리뷰에 쓰면 좋은 표현에 대해 몇 가지를 소개하면 다음과 같다.

청량감, 상큼함, 최애메뉴(최고로 사랑하는 메뉴), 달다구리, 아삭아삭, 오돌오돌, 당 폭탄, 칼로리 폭탄, 새콤함, 달콤함, 싱그러운, 싱싱한, 가성비갑, 단짠단짠(달고짜다), 구수한, 블링블링 색상, 꾸덕한 맛, 샤르르 녹는 식감, 고유의 맛, 호불호가 갈리는, 덕후, 밋밋한, 달짝지근, 텁텁한, 입가심에 좋은, 겉바속촉(겉은 바삭, 속은 촉촉), 입에 살살 녹는, 별미

17   며칠 만에 끝내기

며칠 만에 끝내기를 블로그에 적는다. 이 방법은 단기간에 목표를 이루고 싶을 때 활용하면 좋다.

1일, 3일, 5일, 7일, 14일, 30일 등 원하는 기간과 미션을 정한다. 예를 들어, 미라클모닝을 14일간 도전하고 싶다면 기간은 14일, 미션은 미라클모닝으로 하면 된다. 미라클모닝 시간은 새벽 6시라고 가정해보자. 새벽 6시 전에 기상을 하게 되면 기상 인증 사진을 찍고 블로그에 인증 글을 적으면 된다.

모바일로 블로그 글을 적을 수 있기 때문에 10분 이내로 글 적는 것이 충분히 가능하다. 그리고 약속한 미션 기간이 끝나면 블로그에 후기를 적는다. 미션을 진행하면서 힘들었던 점, 보완할 점, 성취한 것을 상세하게 기록한다.

며칠 만에 끝내기를 잘 마쳤다면 미션에 해당하는 주제로 블로그 스터디를 해서 돈을 벌 수도 있다. 예를 들어, '4주 만에 책 4권 읽기'라는 주제로 미션을 성공했다면 블로그에 '4주 만에 책 4권 읽기'라는 주제로 스터디를 모집하는 것이다. 10명을 모집하고 1인당 4만 원을 받는다고 가정했을 때 40만 원을 벌 수 있다.

사람들이 스터디에 참여할 것인가에 대해 의문이 들 수 있다. 하지만, 스터디 주제에 대해 스스로 실천하기 힘든 사람들은 스터디에 참여할 확률이 높다. 중요한 것은 어떤 가치를 제공할 수 있는지 지속적으로 생각해야 한다는 것이다.

체크리스트 같은 양식지를 만들어도 좋고 일대일 코칭을 포함시켜도 된다. 다른 사람들과 차별화된 가치를 제공한다면 사람들은 당신의 스터디에 참여할 것이다.

며칠 만에 끝내기를 블로그에 적는 것은 높은 집중력으로 단기간 목표를 이루는 좋은 방법이다. 단기간에 꼭 이루고 싶은 목표가 있는가? 가장 먼저 단기간 목표와 기간을 정하고 블로그에 선언하자. 당신은 단기간에 몰입해서 목표를 이룰 수 있을 것이다.

18 플랫폼 도전기

플랫폼 도전기를 블로그에 적는다. 대표적으로 블로그, 유튜브, 카카오 브런치, 인스타그램, 페이스북이 있다.

운영하는 플랫폼이 있다면 플랫폼 도전하는 과정을 블로그에 적어보자. 유튜브 채널을 운영하고 있다면 유튜브 채널 운영하면서 새롭게 알게 된 것, 영상 촬영 방법, 영상 편집 방법, 유튜브 기능, 유튜브 구독자 늘리는 방법, 유튜브 조회 수 늘리는 방법을 블로그에 적으면 된다.

이 방법은 플랫폼을 운영하는데 자신감을 가지게 해준다. 플랫폼을 운영하면서 힘든 점, 느낀 점, 성취한 것, 알게 된 것, 정보, 노하우를 적어보자.

플랫폼 도전기를 블로그에 적는 것은 전문가가 될 수 있는 좋은 방법이다. 전문성이 갖춰지면 책을 출간하거나 강의를 해서 돈을 벌 수 있다. 블로그, 유튜브, 카카오 브런치, 인스타그램, 페이스북 외에 어떤 플랫폼이어도 좋다. 플랫폼 도전기를 블로그에 적어보자.

당신은 해당 플랫폼의 전문가가 되어 있을 것이다.

19 현재 하고 있는 사업

현재 하고 있는 사업을 블로그에 적는다. 사업은 음식점, 카페처럼 큰 사업만 해당 되는 것이 아니라 온라인 비즈니스도 해당된다. 예를 들어, 전자책(pdf) 부업 또한 온라인 비즈니스인 것이다.

오프라인 매장을 차려 사업하고 있다면 블로그에 사업하는 과정을 적으면 된다. 온라인 쇼핑몰을 운영하고 있다면 쇼핑몰에서 상품 판매하는 과정을 적으면 된다. 전자책으로 수익을 내고 있다면 전자책 작성하고 판매하는 과정을 적으면 된다.

조금 더 자세히 알아보자. 앞서 잠깐 언급했지만, 예전에 친구와 천연비누 사업을 했다. 그 당시 천연비누 만드는 과정, 거래하는 과정, 최종 완성된 상품, 천연비누 효능, 사업 에피소드를 블로그에 기록했다면 결과는 완전히 달랐을 것이다.

가장 먼저 블로그라는 강력한 플랫폼이 있기 때문에 마케팅 비용을 아꼈을 것이다. 그 당시 사업을 홍보하는데 많은 비용을 투자했다. 또한 사람들이 천연비누를 사용했을 때 좋았다면 입소문이 나고 대박이 났을 것이다. 운이 좋았다면 책 출간 제의를 받거나 VOD 촬영 제안이 왔을 것이다.

블로그에 사업하는 과정을 적어보자. 또 다른 기회를 만들어 낼 수 있다. 꾸준히 사업하는 과정을 블로그에 적으면 책 출간 제의가 오거나 강의, 인터뷰 제안이 올 수 있다. 스스로 원데이 클래스 수업을 해서 돈을 벌 수 있다.

꾸준히 사업하는 과정을 블로그에 적고 공유해야 한다. 홍보라고 생각할 수 있으나 이야기를 공유하면 말이 달라진다. 사람들은 당신의 사업 이야기에 감명받을 것이다.

사업을 진행하면서 힘들었던 점, 느낀 점, 배운 점, 에피소드, 노하우, 진행 과정을 블로그에 적으면 사람들은 당신의 사업 아이템에 관심을 가질 것이다. 상품을 파는 것도 중요하지만 사업 이야기를 공유하는 것도 퍼스널 브랜딩 하는 데 매우 중요하다.

블로그 성장 과정

블로그 성장 과정을 블로그에 적는다. 블로그를 하고 있다면 과거의 '나'와 현재의 '나'는 분명히 다르다.

블로그 글을 적는 것이 더 수월해졌을 것이고 글감 찾는 방법도 알았을 것이다. 블로그 기능에 대해서도 전보다 많이 알았을 것이다. 방문자 수도 처음보다 더 늘어났을 것이다. 어떤 것이어도 좋다. 블로그를 통해 성장한 과정을 과감하게 블로그에 기록해보자.

블로그는 인생에서 다양한 기회를 제공한다. 주변에 블로그를 해서 인생이 바뀐 사람들이 정말 많다. 블로그를 하고 나서 작가, 강사, 인플루언서, 파워블로거, 크리에이터, 1인 기업가 등의 위치로 올라간 것이다.

블로그를 꾸준히 하면 분명 인생이 달라질 수 있다. 인생이 달라진다는 것은 유명한 사람이 되는 것은 아닐지라도 작은 변화는 충분히 만들 수 있다는 것이다. 블로그를 해서 작은 변화를 지속적으로 만들어내면 큰 변화도 만들 수 있다.

블로그를 해서 책을 쓰게 되었는가? 강의를 하게 되었는가? 상담을 하게 되었는가? 유튜버가 되었는가? 카카오 브런치 작가가 되었는가? 인맥을 많이 만들었는가? 디지털노마드가 되었는가? 스마트스토어를 하게 되었는가? 수익을 얻었는가?

블로그를 통해 성장한 과정을 과감하게 드러내자. 사람들은 당신의 성장 스토리에 감명받을 것이다. 기회는 또 다른 기회를 만든다. 곧 새로운 기회가 찾아올 것이다.

T·I·P

| 블로그 글쓰기로 쓰면 좋은 주제 추가 리스트 20개

❶ 이웃 소개
- 선한 영향력을 주는 이웃을 블로그에 소개하기

❷ 재테크 방법
- 앱테크, 이벤트 부업, 공모전, 주식, 부동산, 예금, 적금

❸ IT 관련된 정보
- 사진 보정, 영상 편집, 홈페이지 꾸미기, 스마트폰 사용 방법

❹ 감명 깊게 본 영화
- 감명 깊게 본 영화가 있다면 인생에 대입 시켜 적기

❺ 명언, 글귀 소개
- 위인전에 나오는 명언, 유명인의 명언, 직접 만든 명언

❻ 미래의 직업 소개
- 4차 산업혁명으로 미래 새로운 직업이 많아지는 것 예상하기

❼ 육아일기
- 자녀가 있다면 아이와 함께 노는 일상, 교육

❽ 직장생활 스토리
- 직장생활 고충, 업무, 인간관계, 에피소드

❾ 연애 경험
- 연애 경험이 있다면 진솔하게 풀어쓰기

❿ 블로그씨 질문
- 블로그씨 질문 중 적을 수 있는 주제 선택해서 적기

⑪ 대학교 시절 추억거리
- OT, MT, 첫 개강, 조별 과제, 아르바이트, 군대, 동아리

⑫ ~가 되는 방법
- 작가가 되는 방법, 강사가 되는 방법, 블로거가 되는 방법, 유튜버가 되는 방법, 인플루언서가 되는 방법, 크리에이터가 되는 방법, 부자가 되는 방법

⑬ 특별한 경험
- 워킹홀리데이, 유럽 여행, 플리마켓 참여, 창업캠프, 수련회, 아르바이트

⑭ 자기소개
- 어린 시절 성장 과정을 소개하거나 현재의 모습을 적기

⑮ 블로그 하는 이유, 목표
- 블로그 하는 이유, 목표를 상세하게 적기

⑯ 성과 기록
- 매달 성과 기록하기

⑰ ~을(를) 사랑하게 된 계기
- 책을 사랑하게 된 계기, 자연을 사랑하게 된 계기, 동물을 사랑하게 된 계기
- 나를 사랑하게 된 계기, 돈을 사랑하게 된 계기, 연인을 사랑하게 된 계기

⑱ ~이(가) 필요한 이유
- 환경보호가 필요한 이유, 연애 경험이 필요한 이유, 삶에 독서가 필요한 이유
- 살아가면서 돈이 필요한 이유, 운동이 필요한 이유, 배움이 필요한 이유

⑲ 나의 다짐
- 중독에서 벗어나기 위한 나의 다짐, 부지런해지기 위한 나의 다짐,
- 같은 실수를 되풀이하지 않겠다는 나의 다짐, 미래를 생각하는 나의 다짐
- 건강해지기 위한 나의 다짐, 인맥을 만들기 위한 나의 다짐

⑳ ~가 되고 싶은 이유
- 디지털노마드가 되고 싶은 이유, 강사가 되고 싶은 이유, 작가가 되고 싶은 이유, 유튜버가 되고 싶은 이유, 인플루언서가 되고 싶은 이유, 사장이 되고 싶은 이유

세상에서 가장 쉬운 네이버 블로그 글쓰기

NAVER blog.ZIP

PART 04

창의적인 블로그 글쓰기 소재
만드는 방법

01 _유튜브
02 _예능프로그램
03 _책
04 _재능 마켓 전자책, 강의
05 _블로그 검색유입
06 _다른 사람들의 블로그 글
07 _자동완성 서비스, 연관검색어
08 _카페, 음식점 특이한 메뉴
09 _인풋을 아웃풋 하기
10 _미리 찍어놓은 사진
     POINT : 창의적인 블로그 글쓰기 소재 만드는 원칙 3가지
     POINT : 창의적인 블로그 글쓰기 소재 만드는 습관 3가지
     TIP : 창의적인 블로그 제목 만드는 표현 20가지

01 유튜브

창의적인 블로그 소재 만드는 첫 번째 방법은 '유튜브'이다. 블로그 소재를 유튜브에서 찾는다고 하니 의아해하는 사람들이 많을 것이다. 보통 유튜브는 재미있는 영상을 시청하거나 무언가를 배우더라도 지식을 얻기만 했지 블로그 소재로 활용할 생각은 못 했을 것이다.

하지만, 유튜브를 추천하는 이유가 있다. 유튜브는 창의적인 콘텐츠가 넘쳐나는 곳이다. 크리에이터가 되고자 하는 사람들이 영상을 만들어 올리기 때문에 신선한 소재들이 상당히 많다. 틈날 때마다 블로그 소재를 유튜브에서 찾으면 좋다. 유튜브에서 찾은 소재를 그대로 활용하거나 나의 경험, 지식, 가치관을 넣어 재결합시키면 된다.

더 자세히 알아보자. 유튜브에서 블로그 소재를 찾기 위해서는 블로그 주제와 비슷한 콘텐츠를 올리고 있는 유튜버를 찾아 구독한다. 그리고 알림설정을 하고 해당 유튜버의 콘텐츠를 살펴본 뒤 블로그 소재로 활용할 만한 것이 있는지 확인한다. 구독해서 콘텐츠를 찾지 않더라도 유튜브 검색 창에 블로그 주제에 해당하는 키워드를 입력하면 관련된 영상이 많이 나오는 것을 확인할 수 있다.

콘텐츠를 찾았다면 영상을 바로 시청하는 것보다 제목, 썸네일을 보고 글감 아이디어를 얻는 것이 좋다. 그런데, 썸네일은 자극적인 문구가 포함된 경우가 많다. 교육, 요리, 건강 콘텐츠는 썸네일에 자극적인 문구가 덜하다. 하지만, 다른 분야는 썸네일에 자극적인 문구가 있는 경우가 많기 때문에 제목을 먼저 확인하는 습관을 가져야 한다.

상위노출 되어 있는 유튜브 영상에서 황금 키워드를 찾을 수 있다. 제목을 보고 사람들이 많이 검색하는 키워드를 단번에 알 수 있는 것이다. 키워드를 활용해서 블로그 제목을 짓는 데 도움을 얻을 수 있다. 블로그 제목이 곧 소재이기 때문이다.

여유가 있다면 영상을 시청하는 것도 좋은 방법이다. 영상을 시청하면 내용을 충분히 아는 데 도움이 된다. 자연스럽게 인풋(input)이 되기 때문에 효율성 측면에서도 좋다.

그리고 네이버TV에서 블로그 소재를 찾을 수도 있다. 평소에 유튜브보다 네이버TV를 자주 시청한다면 네이버TV에서 블로그 소재를 찾는 것도 좋은 방법이다.

네이버TV는 TV 프로그램의 영상이 많은 것으로 알고 있으나 일반인이 올린 영상도 많다. 블로그 소재를 찾는 원리는 유튜브와 같다. 블로그 주제에 해당하는 키워드를 검색하면 관련된 영상을 확인할 수 있다. 역시 제목, 썸네일을 먼저 확인하면 된다.

유튜브는 창의적인 콘텐츠가 많다. 그래서 시간 날 때마다 어떤 콘텐츠가 업로드되었는지 확인하는 것이 좋다. 블로그 소재를 억지로 찾는다는 생각보다 자연스럽게 훑어본다고 생각하자.

유튜브에서 창의적인 소재를 찾았으면 기록부터 해야 한다. 다소 귀찮더라도 제때 기록해야 나중에 블로그 소재로 활용할 수 있다. 블로그 주제와 관련된 유튜브 영상을 자주 확인하는 습관을 들이면 블로그 소재를 많이 만들어낼 수 있다.

02 예능 프로그램

　　창의적인 블로그 소재 만드는 두 번째 방법은 '예능 프로그램'이다. 누구나 좋아하는 예능 프로그램이 1개쯤은 있을 것이다. 예능 프로그램은 직접적인 블로그 소재를 얻기보다 창의적인 아이디어를 얻기에 좋다.

　블로그 소재를 찾기 위해 억지로 예능 프로그램을 시청할 필요는 없다. 주말, 공휴일 휴식 시간에 예능프로그램을 보면서 창의적인 아이디어를 얻는 것이 가장 좋다. 요즘에는 유튜브에 5~20분의 짧은 하이라이트 영상이 업로드된다. 그래서 부담 없이 시청할 수 있다.

　예능 프로그램을 시청할 때 블로그 소재를 찾으려고 하기보다 재밌게 시청한다. 참신한 아이디어가 떠오르면 스마트폰 메모장에 기록한다. 그리고 교훈이 무엇인지 알아내면 좋다.

　예능프로그램에서 하는 게임은 참신한 아이디어를 바탕으로 탄탄하게 구성된 경우가 많다. 영상을 시청하기만 해도 창의성이 많아지게 되어 생각의 폭을 확장하는 데 도움이 된다.

　또한, 예능 프로그램은 교훈을 주고자 하는 경우가 많다. 최근에 봤던 예능프로그램의 교훈은 '인간의 욕망이 큰 화를 부른다.'는 것이다. 블로그 소재로 활용하면 다음과 같다. '야식을 자주 하는 사람의 욕망이 다이어트를

망칩니다.', '돈을 빨리 벌고자 하는 욕망이 돈 모으는 것을 방해합니다.',
'빨리 성공하고자 하는 욕망이 성공을 방해합니다.'라는 소재를 만들 수
있다.

평소에 휴식할 때 보고 싶은 예능 프로그램을 시청하면 좋다. 예능 프로그
램을 시청할 시간이 없다면 유튜브에 업로드된 짧은 하이라이트 영상을 시
청하는 것만으로도 충분하다.

예능 프로그램에서 창의적인 아이디어를 얻을 수 있고 이러한 창의성이
쌓일수록 블로그 소재를 다양하게 만들어 낼 수 있다. 영상을 시청하고 나
서 만다라트 차트, 마인드맵을 이용해 창의적인 아이디어를 정리하는 것도
좋다.

창의적인 블로그 소재 만드는 세 번째 방법은 '책'
이다. 책을 통해 블로그 소재를 생각보다 많이 만들 수 있다. 다만, 지금까지
책을 통해 블로그 소재를 못 만든 이유는 소재로 활용할 생각을 못 했거나
블로그 주제와 관련 없는 책을 읽었기 때문이다.

책을 통해 블로그 소재를 찾는 전제조건은 '블로그 주제와 관련된 책을 읽
는 것'이다. 어찌 보면 당연한 말이지만 많은 사람들이 블로그 주제와 관련
없는 책을 많이 읽는다. 시간이 많으면 모르겠지만 대부분의 사람들은 시간
이 부족하다. 효율적인 시간 관리를 위해서라도 이제부터는 블로그 주제와
관련된 책을 읽어야 한다.

블로그 주제와 관련된 책을 읽어야 하는 이유가 한 가지 더 있다. 바로 전
문성을 쌓을 수 있기 때문이다. 한 분야의 책을 5권 정도 읽으면 해당 분야의
준전문가가 된다. 준전문가가 되면 다른 사람들 앞에 강의할 수 있고 책을
집필할 수 있다. 하지만, 많은 사람들이 블로그 주제와 관련된 책을 읽는 것
이 아닌 다른 분야의 책을 많이 읽기 때문에 전문성을 쌓지 못한다.

예를 들어, 블로그 주제가 '운동, 다이어트'라면 운동, 다이어트 책을 읽어
야 한다. 블로그 주제가 '주식, 부동산'이라면 주식, 부동산 책을 읽어야 한
다. 블로그 주제가 특별히 정해진 것이 없으면 앞으로 쓰고 싶은 주제에 해

당하는 책을 읽는 것이 좋다. 책에서 블로그 소재를 찾는 방법은 크게 2가지가 있다.

첫째, 책의 목차를 보고 소재를 찾는 것이다.

책의 목차는 하나의 소주제와 같다. 목차를 자세히 보면 블로그 소재로 활용할 것이 많이 보인다. 다만, 목차 그대로 쓰는 것이 아닌 변형을 해야 한다. 단어, 문장을 바꾸거나 나의 생각, 경험, 지식과 융합해야 한다. a+b = c가 융합이다(a : 책의 목차, b : 나의 생각, 경험, 지식, c : 새로운 블로그 소재).

둘째, 책을 읽고 소재를 찾는 것이다.

책의 목차를 보고 소재를 찾을 수 있지만, 책을 읽으면 더 다양한 소재를 찾을 수 있다. 생각지도 못한 것을 알게 되거나 직감적으로 블로그 소재로 활용할 것이 눈에 띄기도 한다. 책을 읽을 때는 반드시 기록해야 한다.

기록할 때는 몰랐던 내용, 감명 깊은 내용, 참신한 아이디어를 적으면 된다. 기록해두면 추후 블로그 소재로 활용하기 편하다.

이왕이면 책을 읽고 블로그 소재를 찾는 것을 추천한다. 책을 읽어야 전문성을 쌓을 수 있고 전문성을 바탕으로 강의를 하거나 책을 집필할 수 있기 때문이다. 한 분야에서 전문성을 쌓기 위해서는 블로그 주제와 관련된 책을 집중적으로 읽어야 한다.

그리고 종이책만 읽는 것이 아니라 전자책도 읽는 것이 좋다. 전자책은 비교적 분량이 적기 때문에 완독하는 것이 크게 어렵지는 않다. 참신한 아이디어가 담긴 전자책도 많기에 꼼꼼하게 살펴보자.

정리하면 책을 읽지 않고 블로그 소재를 찾을 때는 책의 목차를 참고하면 된다. 책을 읽고 블로그 소재를 찾을 때는 기록을 한 뒤 기록한 것을 바탕으로 블로그 소재를 찾으면 된다.

04 재능 마켓 전자책, 강의

창의적인 블로그 소재 만드는 네 번째 방법은 '재능 마켓 전자책, 강의'이다. 재능 마켓은 대표적으로 크몽, 탈잉, 클래스101, 프립, 숨고가 있다. 재능 마켓 전자책은 인터넷서점 전자책과 성격이 약간 다르다. 진입장벽이 낮은 만큼 일반인도 쉽게 책을 판매할 수 있다. 창의적인 소재 아이디어는 재능 마켓 전자책에서 쉽게 찾을 수 있다.

재능 마켓 전자책에서 블로그 소재를 찾는 방법은 간단하다. 전자책 목차를 보고 블로그 소재를 찾는 것이다. 목차를 자세히 보면 블로그 소재로 활용할 것이 많이 보인다.

재능 마켓 강의도 원리는 비슷하다. 재능 마켓 사이트에 들어가서 블로그 주제에 해당하는 강의를 살펴본 뒤 커리큘럼을 참고한다. 커리큘럼을 꼼꼼히 분석하면 블로그 소재를 찾을 수 있다. 같은 주제로 강의할 생각이 있다면 벤치마킹도 되는 셈이다.

강의 리뷰, Q&A를 읽어보고 사람들의 고민과 원하는 것을 파악하는 것도 좋은 방법이다. 결국 사람들의 고민과 원하는 것이 수요이기 때문이다. 수요를 잘 파악하면 블로그 소재를 많이 찾을 수 있다.

재능 마켓 전자책, 강의를 통해 블로그 소재를 찾을 때는 어플을 통해 찾는 것이 편리하다. 스마트폰에 재능 마켓 어플을 설치하고 대중교통을 이용하거나 휴식할 때 블로그 소재를 찾아보면 된다. 일상 속에 흘려보내는 시간을 잘 활용하면 블로그 소재를 찾을 수 있고 벤치마킹도 자연스럽게 할 수 있다. 재능 마켓 전자책, 강의를 참고해서 참신한 소재를 많이 찾아보자.

05 블로그 검색유입

창의적인 블로그 소재 만드는 다섯 번째 방법은 '블로그 검색유입'이다. 방문자가 블로그로 유입되는 경로는 크게 2가지가 있다. 첫째는 검색 유입, 두 번째는 사이트 유입이다. 검색 유입은 네이버에 검색해서 블로그에 들어온 유입으로 블로그 글이 상위노출 되어 있을수록 방문자 수가 많아진다. 사이트 유입은 외부 링크, 채널을 통해 들어온 유입으로 유튜브, 인스타그램, 페이스북, 틱톡, 카카오브런치 등의 채널을 운영하면 방문자 수를 늘릴 수 있다.

물론 블로그 소재로 활용하기 위해서는 검색유입을 살펴봐야 한다. 검색유입을 자세히 살펴보면 전혀 생각지도 못한 키워드로 유입이 되는 것을 알수 있다. 이러한 키워드를 활용해서 블로그 소재를 만들 수 있다. 검색유입은 일간, 주간, 월간 모두 확인이 가능하며 일간 검색유입을 추천한다. 즉, 매일 검색 유입을 확인하고 블로그 소재로 활용할 것이 있는지 고민해보는 것이다.

블로그 검색유입을 확인하는 방법은 크게 2가지가 있다.

첫째, '블로그의 통계'에서 [유입경로] → [자세히 보기] → [검색 유입]이다.

▲ 블로그 통계 검색유입

둘째, '크리에이터 어드바이저'에서 [유입분석] → [유입경로] → [게시물] → [검색키워드]를 확인하는 것이다.

크리에이터 어드바이저에는 '실시간 채널 조회 수 순위', '실시간 조회 수 게시물 순위', '채널 조회 수', '게시물 조회 수 순위', '유입검색어 트렌드', '유입검색어 경쟁 현황', '채널 간 일간 리워드', '콘텐츠별 예상 수입 맵', '주제별 인기 유입검색어', '성별 및 연령별 인기 유입검색어'도 확인 가능하기 때문에 익숙해지는 것이 좋다. '주제별 인기 유입검색어'에서 블로그 주제를 선택한 후 뜨는 검색어를 보고 블로그 소재를 만드는 것도 좋은 방법이다.

▲ 네이버 로그인 후 '크리에이터 어드바이저' 검색하기

유입경로 · 유입검색어 트렌드 · **유입검색어 경쟁현황** · 검색 노출 분석

게시물 전체 │ 동영상 │ 모먼트

내 블로그의 글과 모먼트를 포함한 전체 게시물의 검색어별 유입수를 타 콘텐츠의 검색 유입수와 비교하여 경쟁력을 비교합니다. 해당 검색어의 가장 많은 유입수를 100으로 보고, 각 콘텐츠의 유입수를 상대적으로 비교하여 지수화하여 제공합니다.

파리바게트 통신사할인   검색력지수 87.32 ∨

다이소 포인트 적립   경쟁력지수 100 ∨

토스프라임 해지   검색력지수 25.87 ∨

해피콘 가맹점   검색력지수 19.72 ∨

해피콘 배달   경쟁력지수 100 ∨

네이버 후불결제 이벤트   검색력지수 10.68 ∨

다이소 포인트 사용   경쟁력지수 31.97 ∨

당근마켓 알바   경쟁력지수 100 ∨

도도포인트 톨   경쟁력지수 100 ∨

번개페이 안전결제   경쟁력지수 27.83 ∨

▲ 크리에이터 어드바이저에서 검색키워드 확인하기

블로그 검색유입을 통해 사람들이 어떤 키워드로 검색하는지 알 수 있고 검색이 되는 키워드를 단번에 알 수 있다. 검색되는 키워드를 조합해서 블로

▲ 크리에이터 어드바이저에서 '주제별 인기유입검색어' 확인하기

그 소재로 만들거나 생각나는 아이디어가 있으면 새로운 소재로 만들어도 된다.

블로그 검색유입은 사람들이 실제로 검색하는 키워드를 보여주기 때문에 자주 확인하는 습관을 가지는 것이 좋다. 사람들이 검색하는 키워드를 활용해서 블로그 소재를 만들 수 있다.

06 다른 사람들의 블로그 글

창의적인 블로그 소재 만드는 여섯 번째 방법은 '다른 사람들의 블로그 글'이다. 포스팅하고자 하는 주제에 대해 다른 사람들이 어떤 글을 썼는지 살펴보면 블로그 소재를 많이 찾을 수 있다. 네이버에 포스팅하고자 하는 주제의 키워드를 입력하고 VIEW 탭에서 '블로그'를 클릭한 후 다른 사람들이 적은 블로그 글을 확인하면 된다. 글을 처음부터 끝까지 읽는 것보다 제목을 먼저 확인해야 한다. 글을 읽지 않아도 제목만 보면 블로그 소재를 많이 찾을 수 있다.

그렇다면, 구체적으로 블로그 소재를 찾는 방법을 알아보자. 포스팅하고자 하는 주제가 '온라인 비즈니스'라면 네이버에 '온라인 비즈니스'를 검색한다. 그리고 다른 사람들이 적은 블로그 글을 확인하는데 제목을 먼저 살펴본다. 제목을 보고 해당 주제로 글을 적을 수 있을 것 같으면 기록한 후 블로그 포스팅하면 된다.

다른 사람들이 어떤 글을 발행했는지 살펴보면 생각지도 못한 아이디어를 많이 얻을 수 있다. 물론 글의 제목 그대로 따라 적으면 절대 안 된다. 다른 사람들이 발행한 글의 제목을 보고 소재 아이디어를 얻는 것이지 제목 그대로 따라 적는 것이 아니다.

네이버에 키워드를 검색해서 다른 사람들의 블로그 글을 확인하는 것이 귀찮다면 이웃의 글을 확인하는 방법도 있다. 관심사가 같은 블로그를 찾아 이웃을 맺고 알림설정을 하면 이웃이 글을 발행할 때마다 알림이 뜬다. 블로그 이웃이 어떤 글을 발행했는지 자세히 살펴보면 블로그 소재를 많이 찾을 수 있다.

전략적으로 블로그 인플루언서와 이웃을 맺은 뒤 소재를 찾는 것도 좋은 방법이다. 왜냐하면 블로그 인플루언서는 한 분야의 주제에 대해 광범위하게 글을 쓰기 때문이다.

주의해야 할 점은 무턱대고 블로그 소재로 활용하지 않아야 한다는 것이다. 모르는 내용의 소재를 활용하는 것이 아니라 어느 정도 알고 있는 내용의 소재를 활용하는 것이 좋다. 지금 당장 포스팅 할 수 있는 소재를 찾아보자. 블로그 포스팅은 쉬운 것부터 해야 한다.

07 자동완성 서비스, 연관검색어

창의적인 블로그 소재 만드는 일곱 번째 방법은 '자동완성 서비스, 연관검색어'이다. 자동완성 서비스는 말 그대로 '자동으로 완성되는 서비스'이다. 네이버, 유튜브에 키워드를 입력하면 자동으로 관련된 키워드가 뜨는 것을 확인할 수 있다. 연관검색어는 네이버에 키워드를 입력하면 VIEW 탭에서 연관검색어를 확인할 수 있다. 노출되는 검색어가 수시로 변할 수 있다는 것이 특징이다.

자동완성 서비스는 사람들이 많이 검색하는 키워드를 노출시켜 주기 때문에 각 주제마다 인기 키워드를 알 수 있어 효과적이다. 그래서 자동완성 서비스에 뜨는 키워드를 보고 사람들이 어떤 것을 궁금해하는지 단번에 알 수 있다.

자동완성 서비스를 통해 블로그 소재를 만드는 방법은 무엇일까? 키워드를 연결하는 방법이 있다. 하지만, 이 방법은 블로그 소재를 많이 만들 수 없는 단점이 있다. 그래서 유튜브 자동완성 서비스에 뜨는 키워드를 네이버에 검색한 뒤 블로그 글을 확인해서 소재를 찾거나 유튜브 자동완성 서비스에 뜨는 키워드를 클릭해서 유튜브 영상의 제목, 썸네일을 살펴본 뒤 블로그 소재를 찾는 것이 좋다.

▲ 유튜브에 '다이어트' 검색결과 뜨는 자동완성 서비스

앞서 창의적인 블로그 소재 만드는 방법으로 유튜브, 다른 사람들의 블로그 글을 언급했는데 결과적으로는 소재 찾는 방법이 비슷하다. 다만, 자동완성 서비스에 뜨는 키워드를 활용한다는 점에서 차이가 있다. 물론 자동완성 서비스에 뜨는 키워드를 보고 소재 아이디어를 얻을 수 있다면 곧바로 활용하는 것이 좋다.

▲ 네이버에 '다이어트' 검색결과 뜨는 연관검색어

연관검색어도 자동완성 서비스와 소재 만드는 원리는 비슷하다. 네이버 연관검색어에 뜨는 키워드를 연결하거나 연관검색어에 뜨는 키워드를 네이버, 유튜브에 검색한 뒤 블로그 글, 유튜브 영상을 살펴보고 블로그 소재를 찾으면 된다.

카페, 음식점 특이한 메뉴

창의적인 블로그 소재 만드는 여덟 번째 방법은 '카페, 음식점 특이한 메뉴'이다. 카페, 음식점에 갈 때마다 특이한 메뉴가 있는지 확인하는 습관을 가지는 것이 좋다. 특이한 메뉴를 뚫어지게 쳐다보며 기존의 메뉴와 어떤 점이 다른지, 메뉴 이름은 어디서 영감을 얻었는지 생각하는 것이다.

블로그 연재 글을 쓰기 시작한 배경을 소개하면 다음과 같다. 지금은 문을 닫았지만, 집 근처에 개인 카페가 있었다. 그 카페에서 비교적 특이한 메뉴를 출시했다. 반반 음료인데 '아메리카노＋카페라떼', '녹차라떼＋초코라떼'메뉴였다. 나는 신선한 충격에 감탄했고 '음료 1잔을 음료 2잔처럼 보이게 할 수도 있구나.'라는 것을 느꼈다. 여기서 영감을 얻어 블로그 주제를 작게 나눠보면 어떨까 생각했다.

카페, 음식점의 특이한 메뉴를 보고 직접적으로 블로그 소재를 찾기는 어렵다. 하지만, 예능프로그램과 마찬가지로 창의적인 아이디어를 얻기에 좋다. 카페, 음식점의 특이한 메뉴를 확인하는 습관을 들이면 자연스럽게 창의성이 생긴다. 형태를 보기도 하고 메뉴 이름은 어디서 영감을 얻었을지 고민하는 과정에서 번뜩이는 아이디어가 나온다.

창의성은 멀리 있는 것이 아니다. 비교적 우리 가까이에 창의적인 아이디어를 만들어 낼 수 있는 방법이 많다. 집 주변 음식점, 카페의 특이한 메뉴를 자주 보는 것은 어떨까? 만약 맛집 리뷰 블로거라면 음식점, 카페의 메뉴를 소개하면 되기 때문에 일석이조다. 맛집 리뷰 블로거가 아니더라도 창의적인 영감을 얻을 수 있기 때문에 이득이다.

음식점, 카페에 가면 특이한 메뉴가 생각보다 많다. 봄, 여름, 가을, 겨울 시기마다 새로운 메뉴가 나오고는 한다. 각 가게의 시그니처 메뉴인 것이다. 메뉴 이름을 어떻게 지었을지 생각하고 기존 메뉴와 어떤 점이 다른지 생각해보는 것은 창의적인 아이디어를 얻는 데 도움이 된다.

09 인풋을 아웃풋 하기

　　창의적인 블로그 소재 만드는 아홉 번째 방법은 '인풋을 아웃풋 하기'이다. 블로그 소재를 만들기 위해서는 인풋(input)의 과정이 있어야 한다. 배우는 것이 있어야 아는 것이 많아지고 알고 있는 것을 블로그에 적을 수 있다.

　　그래서 우리는 강의, 세미나, 책을 통해 무언가를 배울 때 무조건 활용한다는 생각을 가져야 한다. 많은 사람들이 배우는 것 그 자체에 그치고 있는데 활용하지 않으면 아무 가치가 없다. 강의를 수강하면 강의에서 배운 내용을 복습하고 내 것으로 만들어야 한다.

　　그리고 새롭게 알게 된 내용을 블로그에 적거나 기존에 알고 있는 지식을 더해 새로운 소재를 만들어야 한다. 독서도 마찬가지다. 책을 읽으면 반드시 기록해야 하고 기록한 것을 바탕으로 서평을 적거나 기존에 알고 있는 지식을 더해 새로운 소재를 만들어야 한다.

　　인풋(input)을 아웃풋(output) 하는 과정은 상당히 중요하다. 강의, 세미나, 책을 통해 배운 것을 노트에 기록해두면 내 것으로 만들고 블로그 소재로 활용하도록 노력해야 한다. 블로그에 배운 것을 적어보는 것은 복습 효과가 있기 때문에 잘 잊혀지지 않는다. 블로그를 성장의 도구로 활용할 수 있는 방법이다.

예를 들어, 블로그 글쓰기 강의를 수강했다면 블로그 글쓰기 방법에 대해 새롭게 알게 된 것, 블로그 포스팅할 때 적용해야 할 것을 정리해서 적어보는 것이다. 강의 후기를 적는 것은 강사만 이득이 된다고 생각할 수 있지만, 자세히 살펴보면 수강생에게도 도움이 된다. 블로그에 배운 내용을 적어봄으로써 강의 내용을 확실히 복습할 수 있고 지식이 많아지는 것이다. 지식이 많아지면 블로그 포스팅할 때 확실히 도움이 된다.

아는 것이 많아지면 생각의 폭이 넓어지고 창의적인 블로그 소재를 만들 수 있다. 이제부터 배운 것은 무조건 활용한다는 생각을 가져야 한다. 기록만 해두면 기록한 것을 바탕으로 포스팅하면 된다. 블로그를 통해 스스로 성장할 수 있는 좋은 방법이다.

10 미리 찍어놓은 사진

창의적인 블로그 소재 만드는 열 번째 방법은 '미리 찍어놓은 사진'이다. 이 방법은 역으로 블로그 소재를 만드는 방법이다. 보통은 어떤 글을 써야 할지 고민한 후 기록해둔 것을 바탕으로 소재를 만든다.

하지만, 스마트폰 앨범에 있는 사진을 보고 블로그 소재를 만들 수도 있다. 특히 비즈니스 하는 사람들은 사진을 제때 찍어 놓아야 한다. 강의를 한다면 현장 강의 사진은 담당자에게 부탁을 해야 한다. 상담, 코칭을 한다면 다른 사람에게 부탁해 현장 사진을 남겨야 한다.

업무와 관련된 사진은 제때 찍어놓지 않으면 나중에 기회가 다시 오지 않을 수 있다. 그래서 시간적인 여유를 두고 사진을 찍어야 한다. 사진은 여러 각도에서 최대한 많이 찍는 것이 좋다.

이번 기회에 블로그 주제와 관련된 사진을 많이 찍어보자. 블로그 주제가 운동이라면 운동하는 장면, 식단 사진을 찍어보자. 블로그 주제가 맛집 리뷰라면 가게 내부, 음식 사진을 여러 각도에서 찍어보자. 블로그 주제가 책 리뷰라면 책 표지를 찍어보자.

미리 찍어놓은 사진을 블로그 소재로 활용하기 위해서는 의미 없는 사진을 스마트폰 앨범에 담아 두는 것이 아닌 블로그 주제와 관련된 사진을 많이 담아두는 것이 좋다. 만약 여행, 맛집 리뷰 등 일상 글을 자주 올리는 블로거라면 일상사진을 스마트폰에 많이 담아두면 된다.

미리 찍어놓은 사진으로 블로그 소재를 만들 때는 타이밍이라는 것이 있다. 제때 사진을 찍어놓아야 다음에 블로그 소재를 만드는 데 어려움이 없다. 당장은 사진이 쓰이지 않을 것 같아도 언젠가는 쓰일 수 있다. 그래서 블로그 소재로 활용할 것 같으면 지우지 말고 보관하는 것이 좋다.

동영상을 촬영할 수 있다면 일석이조다. 블로그에 동영상을 올릴 수 있는 기능이 있기 때문에 시간이 된다면 동영상을 촬영해보자. 동영상 재생 수와 공감 수는 블로그 관리 탭의 [메뉴, 글, 동영상 관리] → [동영상 관리] → [내 동영상]에서 확인이 가능하다.

▲ 동영상의 재생 수, 공감 수 확인하기

창의적인 블로그 소재 만드는 10가지 방법에 대해 알아보았다. 지금부터는 창의적인 블로그 소재 만드는 원칙에 대해 알려드리려고 한다. 원칙 3가지만 알고 있으면 창의적인 블로그 소재를 만드는 데 어려움이 없을 것이다.

첫째, 블로그 소재는 자연스럽게 찾아야 한다.

블로그 소재 찾는 방법을 알았다면 적용하려고 할 것이다. 주의해야 할 점은 블로그 소재를 억지로 찾으려고 해서는 안 된다는 것이다.

창의적인 블로그 소재는 우연히 생각나는 경우가 의외로 많다. 산책을 하거나 카페에서 노래를 듣고 있을 때, 잠을 자려고 침대에 누웠을 때 블로그 소재를 많이 떠올린다. 블로그 소재가 생각나면 수첩 혹은 스마트폰 메모장에 반드시 기록한다. 기록을 하지 않으면 잊어버리기 때문이다. 기록해둔 것을 토대로 블로그 포스팅을 준비한다.

앞에서 블로그 소재 만드는 10가지 방법을 소개했다. 각 각의 방법을 적용할 때 자연스럽게 소재를 찾으려고 해야 한다. 예를 들어, 블로그 검색유입을 통해 소재를 찾으려고 한다면 억지로 소재를 찾아야겠다는 마음보다 다른 사람들이 어떤 키워드를 검색해서 블로그에 방문했는지 확인하고 검색유입의 키워드를 보고 생각나는 블로그 소재가 있으면 기록한 후 포스팅하면 된다.

인풋을 아웃풋 하는 방법을 통해 소재를 찾으려고 한다면 배운 것을 복습하는 의미에서 노트에 적어보는 것이 좋다. 직접 적어보면 배운 내용을 오래 기억할 수 있고 소재도 찾을 수 있다. 블로그 소재는 블로그 제목이 되고 블로그 제목은 키워드로 구성되어 있기 때문에 소재를 찾는 것은 키워드를 찾는 것을 의미한다.

많은 사람들이 키워드 찾는 것을 어려워하는데 블로그 소재를 찾으면 키워드까지 해결되는 것이다. 그래서 키워드에 대해 너무 신경쓰는 것보다 소재를 찾는 연습을 하는 것이 훨씬 낫다. 창의적인 블로그 소재를 많이 만들수록 황금 키워드는 저절로 찾아진다.

둘째, 콘텐츠에 관심을 가져야 한다.

여러분은 블로그 콘텐츠에 평소 어느 정도 관심을 가지는가? 무언가를 잘하기 위해서 가장 필요한 전제 조건이 '관심'이다. 관심을 가지게 되면 좋아하게 되고, 좋아하면 잘하게 된다.

창의적인 블로그 소재를 찾기 위해서는 콘텐츠에 항상 관심을 가져야 한다. 그리고 다른 사람들은 해당 주제로 어떤 콘텐츠를 올리는지 유심히 살펴보고, 사람들이 어떤 것을 궁금해하는지 알기 위해 네이버 카페와 같은 커뮤니티의 글도 자주 확인하는 것이 좋다.

블로그 콘텐츠에 관심을 가질수록 소재를 더 많이 찾을 수 있다. 평소에 블로그 콘텐츠와 관련된 책을 읽고, 유튜브를 시청하고, 다른 사람들이 발행한 블로그 글까지 유심히 살펴본다면 블로그 소재를 찾는 데 어려움이 없을 것이다.

셋째, 융합하는 것이다.

융합하는 방법은 크게 어렵지 않다. 예를 들어, 책을 보다가 a라는 목차가 좋아서 블로그 소재로 활용하기로 했다. 하지만, a라는 목차 그대로 블로그 제목을 쓸 수는 없다. 그래서 이와 관련된 나의 생각, 배경지식, 경험을 합쳐서 새로운 제목을 지었다. 이 과정이 융합이다.

수식으로 간단히 말하면 $a+b=c$가 되는 것이다. 위의 예를 접목시켜보면 a는 책의 목차, b는 나의 생각·배경지식·경험, c는 새롭게 만들어지는 소재이다.

블로그 소재를 만들 때 융합을 하면 좋다. 융합을 많이 할수록 창의적인 블로그 소재가 만들어지기 때문이다.

만약, 융합을 하지 않는다면 어떻게 될까? 예를 들어, 유튜브 영상 제목을 보고 블로그 소재를 생각해냈다. 물론 그 자체로 특별하고 창의적인 블로그 소재가 될 수 있다.

하지만, 융합을 한다면 융합을 하지 않았을 때보다 더 창의적인 블로그 소재가 만들어진다. 예를 들어, 비빔밥에 밥, 고추장만 들어가는 것보다 야채가 많이 들어가면 더 맛있는 것과 같은 이치다. 융합을 할 때 반드시 나의 생각, 배경지식, 경험을 포함시킬 필요는 없다. 앞서 언급한 블로그 소재 만드는 10가지 방법 중 2개 이상을 섞어 블로그 소재를 찾는 것도 융합이다.

창의적인 블로그 소재 만드는 원칙 3가지에 대해 알아보았다. 원칙 3가지를 기억하고 블로그 소재를 찾아보자.

POINT 창의적인 블로그 글쓰기 소재 만드는 습관 3가지

창의적인 블로그 소재 만드는 원칙에 대해 알았다면 소재 만드는 것을 습관화하는 것이 필요하다. 창의적인 블로그 소재 만드는 습관 3가지를 소개하려고 한다.

첫째, 기록하는 습관이다.

창의적인 블로그 소재를 만들기 위해서는 번뜩이는 영감이 중요하다. 번뜩이는 영감은 언제 어디에서 나타날지 모른다. 밖에 있을 때 블로그 소재가 생각나면 스마트폰 메모장에 기록해야 한다. 집에 있을 때 블로그 소재가 생각나면 수첩, 스마트폰 메모장에 기록해야 한다. 물론, 블로그 소재를 기록한다고 해서 반드시 포스팅하게 되는 것은 아니다. 어떤 소재는 과감하게 버려지기도 한다. 그렇지만, 창의적인 블로그 소재 만드는 첫 시작은 '기록하는 습관'이다. 기록하지 않으면 블로그 소재를 만들 수 없다.

둘째, 검색하는 습관이다.

창의성은 벤치마킹에서 출발한다. 다른 사람들이 어떤 콘텐츠를 만들고 있는지 살펴보는 습관은 정말 중요하다. 네이버, 유튜브에 검색을 해서 다른 사람들은 어떤 콘텐츠를 만들고 있는지 살펴봐야 한다. 또한 크몽, 탈잉, 프립, 클래스101의 재능 마켓에 들어가 다른 사람들은 어떤 전자책을 판매하고 강의를 하는지 살펴봐야 한다. 네이버, 유튜브, 재능 마켓에 틈틈이 검색하는 습관을 들이면 블로그 소재를 다양하게 찾을 수 있다.

셋째, 질문하는 습관이다.

창의적인 블로그 소재를 만들기 위해서는 스스로 질문하는 습관을 들여야 한다. '다른 사람들은 어떤 것을 궁금해할까?', '다른 사람들은 어떤 이야기를 원할까?', '사람들이 블로그에서 얻을 수 있는 것은 무엇일까?'에 대해 진지하게 고민해야 한다.

사람들이 궁금해하는 것을 파악하기 위해서 네이버 지식인의 질문, 답변을 읽어보는 것도 좋다. 네이버 지식인을 읽어보면 사람들이 궁금해하는 것을 단번에 알 수 있다. 그리고 평소에 '나라면 어떤 것을 궁금해할까?'라고 질문하는 것도 중요하다. 내가 궁금한 것은 다른 사람들도 궁금해할 확률이 높다.

창의적인 블로그 제목 만드는 표현 20가지

블로그 소재를 찾았다면 블로그 제목을 정해야 한다. 창의적인 블로그 제목 만드는 표현 20가지를 참고하면 컨셉이 들어간 블로그 제목을 지을 수 있다. 창의적인 블로그 제목 만드는 표현 20가지를 예시와 함께 알아보자.

❶ 나만 알고 싶은
　　예 나만 알고 싶은 무자본으로 돈 버는 방법

❷ 당신만 모르는
　　예 당신만 모르는 인간관계의 숨겨진 비밀

❸ ~했을 뿐인데 ~가 되다.
　　예 블로그만 했을 뿐인데 작가가 되다.

❹ 단 한 가지 방법
　　예 유튜브 구독자를 모으는 단 한 가지 방법

❺ 누구나 ~잘하는 방법
　　예 누구나 블로그 글쓰기 잘하는 방법

❻ ~하는 것이 중요한 이유
　　예 블로그 대본 쓰는 것이 중요한 이유

❼ 추천하지 않는 이유
　　예 무리하게 살 빼는 것을 추천하지 않는 이유

❽ ~는 ~이다.
　　예 블로그는 인생의 전환점이다.

❾ 지금 당장 ~부터 하세요.
　　예 지금 당장 독서부터 하세요.

❿ 살아남는 방법
　　예 디지털노마드 세상에서 살아남는 방법

⑪ 시간을 절약하는 방법
    예 유튜브 촬영하는 시간을 절약하는 방법

⑫ 현실적인 방법
    예 20대가 돈을 버는 현실적인 방법

⑬ 노하우, 비법, 아이디어
    예 취미로 돈을 버는 노하우, 취미로 돈을 버는 비법, 취미로 돈을 버는 아이디어

⑭ 절대 ~ 안 망하는 방법
    예 절대 다이어트 안 망하는 방법

⑮ 내가 ~하는 이유
    예 내가 회사를 그만두고 창업한 이유

⑯ ~을(를) 처음 한다면 ~부터 하세요.
    예 헬스를 처음 한다면 무분할 운동부터 하세요.

⑰ ~할 때 힘이 되었던 말
    예 프리랜서를 시작할 때 힘이 되었던 말

⑱ 나에게 ~란?
    예 나에게 블로그 글쓰기란?

⑲ 빠르게 ~를 얻는 방법
    예 빠르게 유튜브 구독자 수를 얻는 방법

⑳ 쉽게 극복하는 방법
    예 슬럼프를 쉽게 극복하는 방법

PART 05

블로그 글쓰기가 쉬워지는
간단한 공식

01 _블로그 글쓰기 전 운영 방향을 정하라

02 _블로그 글은 아침에 써라

03 _블로그 대본을 써라

04 _강-약-중의 법칙을 기억하라

05 _혈액 순환을 위해 일상 글을 적어라

06 _블로그 글쓰기 소재는 평소에 찾아라

07 _1일 1포스팅은 역산법과 유한법을 기억하라

08 _구색을 갖춘다고 생각하라

09 _컨셉을 잡아 드라마 형식으로 글을 써라

10 _블로그를 통해 꿈꾸는 삶을 생각하라

   POINT : 저품질 고민하는 시간이 가장 아깝다

   POINT : 블로그 글쓰기로 인생의 기회 만드는 방법 3가지

01 블로그 글쓰기 전 운영 방향을 정하라

몇 년 전부터 주위 사람들에게 바쁘더라도 블로그를 꼭 하라고 권유하고 있다. 블로그를 오랫동안 지속하면 인생이 바뀔 수 있기 때문이다. 하지만, 블로그를 오랫동안 지속하는 사람은 거의 없다. 대부분 한 달, 두 달 포스팅 하다가 포기하는 경우가 다반사다. 왜 이런 일이 벌어질까?

블로그를 오랫동안 지속하지 못하는 결정적인 이유는 블로그 운영 방향을 정하지 않았기 때문이다. 블로그를 해야 할 목표가 뚜렷하지 않으면 블로그를 오랫동안 지속하기 힘들다. 그래서 블로그를 본격적으로 운영하기 전에 운영 방향 5가지를 생각해야 한다. 지금부터 블로그 운영 방향 정하는 방법을 알아보자.

첫째, 블로그 주제를 정한다.

블로그 주제는 콘텐츠를 대표하는 주제를 선택하면 된다. 예를 들어, 블로그에서 비중 높게 다루는 콘텐츠가 책 리뷰라면 블로그 주제는 '책'이다. 블로그에서 비중 높게 다루는 콘텐츠가 '부동산, 주식, 코인'이라면 블로그 주제는 '비즈니스, 경제'이다. 블로그 주제설정은 블로그 글쓰기 페이지에서 [발행] 버튼을 누르고 [주제] 탭에서 확인이 가능하다.

둘째, 블로그 콘텐츠를 정한다.

블로그 주제를 정했으면 콘텐츠를 정해야 한다. 콘텐츠는 주제의 하위항목으로 메인 콘텐츠, 서브 콘텐츠로 구별된다. 메인 콘텐츠는 블로그를 대표해야 하며 최대 2개까지 정하는 것이 좋다. 서브 콘텐츠는 일상, 자기계발과 같이 비교적 부담이 덜 되는 콘텐츠로 정하는 것이 좋다. 메인 콘텐츠와 서브 콘텐츠는 블로그를 운영하다 보면 바뀔 수 있다. 중요한 것은 블로그에서 비중 높게 다루는 콘텐츠가 있어야 하고 누가 봐도 블로그를 대표하는 콘텐츠가 무엇인지 알 수 있어야 한다.

셋째, 블로그 컨셉을 정한다.

블로그 주제, 콘텐츠를 정했다면 컨셉을 정해야 한다. 블로그 컨셉을 정하는 것이 가장 어려운 단계다. 독창적인 소재, 블로그 닉네임, 블로그 대문, 카테고리, 프로필 모두 컨셉에 해당된다. 블로그 컨셉의 핵심은 다른 사람들과 차별화되어야 하고 눈에 띄어야 한다.

넷째, 블로그 운영 목적과 목표를 정한다.

블로그 운영 목적과 목표를 정하는 것은 아무리 강조해도 지나치지 않는다. 블로그 운영 목적과 목표는 비슷한 의미 같지만 다른 의미다. 블로그 운영 목적은 블로그를 하는 이유에 해당되며 블로그 운영 목표는 블로그를 통해 이루고자 하는 것에 해당된다.

블로그 운영 목적은 1장에서 잠깐 언급했지만 중요하기 때문에 한 번 더 언급하려고 한다. 블로그 운영 목적은 크게 취미형, 수익형으로 나눌 수 있다. 취미형은 취미로 블로그를 하는 것이다. 여행, 독서, 일상, 맛집과 같은 글을 올리는 사람들은 대부분 취미로 블로그를 한다.

반대로 수익형은 수익을 위해 블로그를 하는 것이다. 홍보, 체험단, 제휴

마케팅, 상품 판매, 스터디의 경우 수익을 위해 블로그를 한다고 볼 수 있다. 물론 취미형과 수익형을 혼합해서 블로그를 운영하는 사람들도 많다. 취미로 일상 글을 올리기도 하지만 수익을 위해 홍보, 체험단, 제휴마케팅, 상품 판매, 스터디를 하는 것이다. 그래서 취미형과 수익형 중 무조건 1개를 선택할 필요는 없다.

블로그 운영 목표는 크게 돈, 마케팅, 자기 성장으로 나눌 수 있다. 블로그를 통해 이루고자 하는 목표가 수익이라면 블로그 운영 목표는 '돈'에 해당된다. 블로그를 마케팅 용도로 활용한다면 블로그 운영 목표는 '마케팅'에 해당된다. 보통 자영업을 하는 사람들이 마케팅 용도로 블로그를 운영한다.

마지막으로 블로그를 통해 이루고자하는 목표가 자기 성장이라면 블로그 운영 목표는 '자기 성장'에 해당된다. 직장에 다니는 많은 사람들이 블로그를 자기 성장을 목표로 운영한다. 독서, 운동, 미라클모닝, 생활습관을 기록하는 공간으로 활용한다.

다섯째, 내 글을 읽어줄 독자를 정한다.

블로그 주제, 콘텐츠, 컨셉, 운영 목적, 운영 목표를 정했으면 마지막으로 내 글을 읽어줄 독자를 정해야 한다. 모든 사람들을 만족시킬 수는 없다. 블로그 콘텐츠에 관심을 가지는 사람들을 대상으로 글을 적어야 한다. 독자를 정하고 글을 쓰는 것과 독자를 정하지 않고 글을 쓰는 것은 엄연히 다르다.

'내 글을 누가 읽었으면 좋겠는가?'라고 생각해보면 독자를 명확히 알 수 있을 것이다.

02 블로그 글은 아침에 써라

블로그 글쓰기를 지속하려면 지정된 시간에 글을 쓰는 훈련이 필요하다. 특히 아침에 블로그 글 쓰는 것을 적극적으로 추천한다.

물론 글의 성격에 따라 저녁에 글이 발행되는 것이 낫다고 생각되면 예약 발행 기능을 이용해 저녁 시간에 글이 발행되도록 하면 된다. 단, 아무리 늦어도 저녁 10시 이전에는 글을 발행하는 것이 좋다. 너무 늦은 시간에 글을 발행하면 읽는 사람들이 적기 때문이다.

아침에 블로그 글을 쓰는 것이 좋다고 생각하는 이유가 있다. 이제부터 자세히 알아보자.

첫째, 미라클모닝이 쉬워진다.

많은 사람들이 아침 일찍 일어나지 못해 고민하고 있다. 물론 회사에 다니는 경우 강제적으로 아침 일찍 일어날 수밖에 없지만 나 같은 프리랜서나 육아를 하는 사람들은 아침 일찍 일어나는 것이 쉬운 일은 아니다. 그리고 회사에 다닌다고 하더라도 주말에는 늦잠을 자기 십상이다.

아침 일찍 일어나는 것은 강한 의지가 동반되어야 하기에 결코 쉬운 일이 아니다. 하지만, 아침에 블로그 글을 써야 한다고 생각하면 미라클모닝이 훨씬 쉬워지는 것을 경험할 수 있다. 아침에 해야 할 일이 있기 때문에 일찍 자게 되고 알람이 울리면 곧바로 일어날 수 있다.

아침에 블로그 글을 쓰는 것이 어렵다고 생각할 수 있다. 하지만, 스트레칭을 하거나 바깥 공기를 마시면 잠이 달아난다. 그리고 무엇보다 아침에 블로그 글 쓰는 것이 습관화되면 매일 아침 눈이 저절로 떠진다.

회사에 다니더라도 평소보다 30분 일찍 일어나서 블로그 글을 적으면 된다. 블로그 글을 쓰는데 30분이면 충분하기 때문이다. 시간적인 여유가 있다면 독서까지 하면 더욱 좋다. 독서하고 책 리뷰를 적으면 자기계발에 도움이 된다.

회사에 다니면서 자기계발 하는 사람들이 생각보다 많지 않기 때문에 아침에 블로그 글을 쓰는 것은 미래를 위해 한발 앞서 나간다고 할 수 있다.

현재는 힘들지만, 미래를 생각했을 때 확실히 앞서나가는 것을 느낄 것이다. 아침에 블로그 글을 써야겠다고 생각하는 순간 미라클모닝은 쉽게 해결된다.

둘째, 두뇌 회전이 활성화된다.

블로그 글을 잘 쓰기 위해서는 대본도 중요하지만 컨디션도 중요하다. 몸이 피곤하거나 마음이 싱숭생숭하면 대본이 있더라도 블로그 글을 잘 쓰기 어렵다. 특히 회사에 다닌다면 퇴근하고 블로그 글 쓰는 것은 상당히 힘들다. 몸이 피곤하기 때문에 블로그 글쓰기를 지속하기 어렵다.

하지만, 아침에 블로그 글을 쓰면 두뇌 회전이 활성화되기 때문에 글을 더 빠르고 쉽게 적을 수 있다. 아침 일찍 일어나 상쾌한 공기를 마시고 블로그 글을 적어보자. 두뇌 회전이 활성화되어 블로그 글을 적는 데 도움이 될 것이다.

넷째, 글 쓰는 것이 습관화된다.

    아침에 블로그 글을 쓰는 것은 해야 할 일을 먼저 처리함과 동시에 글쓰기를 습관으로 만들 수 있는 좋은 방법이다.

    글쓰기를 습관으로 만드는데 특별한 방법이 있는 것은 아니다. 매일 지정된 시간에 글을 쓰면 된다. 지정된 시간은 아침이 가장 좋다. 아침에 블로그 글을 써야겠다고 생각하는 순간 블로그 글쓰기를 습관으로 만드는 것은 크게 어렵지 않다. 아침에 블로그 글을 쓰면 개운하고 기분이 좋아진다.

    매일 아침 30분을 투자해서 블로그 포스팅해 보자. 처음에는 힘들 수 있어도 적응이 되면 블로그 글쓰기가 쉬워지고 긍정적인 변화를 가져올 것이다. 하루를 글쓰기로 시작하는 것은 위대한 일이다. 위대한 일을 지속했을 때 놀라운 변화가 나타난다. 내 삶이 바뀌기를 원한다면 아침에 블로그 글 쓰는 것을 습관화해야 한다.

03 블로그 대본을 써라

블로그 글을 적을 때 대본을 보고 글을 적는 것과 대본 없이 글을 적는 것은 큰 차이가 있다. 블로그 포스팅하기 전에 대본을 먼저 작성하는 것이 좋다. 블로그 대본이 필요한 이유는 무엇일까?

블로그 대본이 필요한 가장 큰 이유는 핵심 내용을 명확히 전달할 수 있기 때문이다. 내용을 정리해서 대본을 쓰기 때문에 핵심 내용을 담게 된다. 블로그 대본 없이 핵심 내용을 명확히 전달하는 것은 난이도가 상당히 높다. 그래서 블로그 대본은 반드시 써야 한다.

블로그 글을 적는 데 시간이 오래 걸리는 이유는 어떤 내용을 적어야 할지 모르기 때문이다. 어떤 내용을 적어야 할지 미리 생각하지 않으면 글을 쓰다가 막히게 된다. 이 과정에서 블로그 글쓰기에 흥미를 잃을 가능성이 상당히 높다.

블로그 대본을 적으면 시간이 많이 소요된다고 생각할 수 있지만 대본 적는 것도 습관이다. 대본 적는 것이 습관화되면 20분 이내에 대본작성을 마칠 수 있다. 그리고 대본을 보고 블로그 포스팅하면 되기 때문에 결과적으로 블로그 글 쓰는데 시간을 많이 아낄 수 있다.

블로그 대본 쓰기 전에 준비물이 있다. 준비물은 바로 '소재'이다. 소재는 블로그 대본 작성할 때 찾는 것이 아니라 평소에 찾아야 한다. 소재는 최대한 많이 확보하는 것이 좋다. 소재를 찾고 키워드 조합 후 제목을 정해놓는 것까지 대본 쓰기 전 준비물이다. 그리고 해당 주제로 어떻게 글을 쓰면 좋을지 미리 생각하는 것도 필요하다. 어떻게 하면 독자들에게 내용을 잘 전달할 수 있을지 고민하는 것이다.

이제 블로그 대본 쓰는 방법에 대해 자세히 알아보자. 블로그 대본 작성 시 가장 중요한 원칙은 '제목과 본문의 일치'이다.

예를 들어, 블로그 제목을 '컵라면 맛있게 먹는 법'이라고 적었다면 본문에는 '김치와 먹는다.', '컵라면 뚜껑에 면발을 담아 먹는다.', '국물만 남았을 때 밥을 말아 먹는다.' 이렇게 적는 것이다. 소주제에 해당하기에 인용구를 활용하는 것이 좋다.

대본을 작성할 때 수기로 작성할 것인지 모바일로 작성할 것인지 정해야 한다. 수기로 작성하면 시간이 다소 소요되지만, 내용을 확실히 기억하는 장점이 있다. 반면 모바일로 작성하면 시간은 덜 소요되지만, 내용을 확실히 기억하기 어려운 단점이 있다. 모바일은 스마트폰 메모장을 이용하면 된다. 스마트폰 메모장에 대본을 적고 거치대를 이용해 스마트폰을 책상에 고정시킨다. 그리고 대본을 보고 블로그 포스팅하면 된다.

대본은 핵심 키워드부터 적어야 한다. 핵심 키워드를 적고 어떤 내용을 전달할 것인지 생각한 후 세부내용을 적는다. 자세하게 적어도 좋지만, 핵심 키워드만 적어도 블로그 포스팅할 때 도움이 된다. 핵심 키워드는 인용구로 활용하면 된다.

또한 블로그 대본 작성 시 사진, 영상이 들어가는 위치는 따로 표시를 하는 것이 좋다. 사진, 영상이 들어가는 위치를 따로 표시해놓지 않으면 블로그 포스팅할 때 잊어버릴 수 있다. 보통 사진1, 사진2, 사진3, 사진4, 사진5 이런 식으로 표기를 한다.

블로그 글쓰기 전에 대본을 작성하면 글 쓰는 시간을 단축시킬 수 있고 핵심 메시지를 잘 전달할 수 있다. 그리고 글을 논리적으로 적을 수 있기 때문에 글쓰기 훈련에도 많은 도움이 된다. 이제부터 블로그 대본을 작성하고 포스팅해 보자.

[블로그 대본쓰기 예시]

제목 : 브랜드 옷 저렴하게 할인받아 사는 방법

핵심키워드 01 **중고거래를 한다.**
- 세부 내용 : 당근마켓, 중고나라, 번개장터 이용하기

핵심키워드 02 **온라인에서 구매한다.**
- 세부 내용 : 네이버에 최저가 검색하기

핵심키워드 03 **할인 쿠폰을 이용한다.**
- 세부 내용 : 오프라인 매장(카카오톡 플러스 친구 할인), 온라인(할인 쿠폰)

핵심키워드 04 **시즌오프 옷을 구매한다.**
- 세부 내용 : 시즌이 지난 옷 미리 구매하기

핵심키워드 05 **덤으로 주는 행사상품을 구매한다.**
- 세부 내용 : 1+1, 2+1 행사상품 구매하기

04 강-약-중의 법칙을 기억하라

　　　　　　　　　블로그 글쓰기를 오랫동안 지속하려면 강-약-중의 법칙을 기억해야 한다. 강-약-중의 법칙을 안다면 블로그 글쓰기를 오랫동안 지속할 수 있다.

　많은 사람들이 블태기(블로그+권태기)를 겪는 이유는 블로그 글쓰기가 힘들고 지치기 때문이다. 블로그 글쓰기에 많은 시간을 투자하면서 에너지 고갈이 되는 경우가 많다. 이런 사람들에게 강-약-중의 법칙은 도움이 된다.

　강-약-중의 법칙은 다음과 같다. 블로그 글 쓰는데 시간을 많이 투자해야 하는 주제는 '강'이다. 반대로 블로그 글 쓰는데 시간을 적게 투자해야 하는 주제는 '약'이다. 블로그 글 쓰는데 적당한 시간을 투자해야 하는 주제는 '중'이다.

　오늘 블로그 글 쓰는데 시간을 많이 투자해야 하는 글을 적었다면 내일은 블로그 글 쓰는데 시간을 적게 투자해야 하는 글을 적는 것이다. 그리고 다음 날은 블로그 글 쓰는데 적당한 시간을 투자해야 하는 글을 적으면 된다.

　보통 시간을 많이 투자해야 하는 글은 메인 콘텐츠다. 메인 콘텐츠는 정보, 노하우를 전달해야 하기에 많은 시간이 필요하다. 그래서 블로그 대본을 적는 시간도 많이 소요된다. 반대로 시간을 적게 투자해야 하는 글은 취미나 일상 글에 해당된다. 가볍게 적을 수 있는 글은 힘을 빼야 한다. 그리고 적당한 시간을 투자해야 하는 글은 서브 콘텐츠다. 서브 콘텐츠는 메인 콘텐츠보다 덜 중요하지만 메인 콘텐츠와 상호보완이 되는 콘텐츠로 적당한 시간을 투자해서 글을 적어야 한다.

메인 콘텐츠가 꼭 교육, 어학, 비즈니스, 경제, 사회, IT 등의 주제만 해당되지는 않는다. 만약, 푸드 인플루언서를 목표로 하고 있다면 맛집 리뷰를 올리는 것이 메인 콘텐츠에 해당된다. 메인 콘텐츠는 블로그를 통해 최종적으로 지향하는 바가 무엇인지 생각해보면 쉽게 찾을 수 있다.

강-약-중의 법칙대로 글을 적는다면 글쓰기를 오랫동안 지속할 수 있다. 강-약-중의 법칙대로 글을 쓰기 위해서는 메인 콘텐츠와 서브 콘텐츠를 구별하고 시간을 적게 투자해도 되는 글이 무엇인지 생각하는 시간을 가져야 한다. 이는 사람마다 다르기에 정답은 없다.

블로그 포스팅에 똑같은 시간과 에너지를 투입하는 것은 효율성이 떨어진다. 블로그의 방향성에 맞춰 중요한 글과 덜 중요한 글을 구분해 보자.

강-약-중의 법칙대로 글을 쓰면 블로그 글쓰기를 오랫동안 지속할 수 있을 것이다.

05 혈액 순환을 위해 일상 글을 적어라

사람이 건강하려면 혈액 순환이 필요하듯 블로그도 건강해지려면 혈액 순환이 필요하다. 매일 블로그에 전문적인 글만 적는다면 독자들은 지루함을 느끼고 글을 쓰는 당신도 지칠 것이다.

블로그에 혈액 순환은 반드시 필요하다. 블로그의 혈액 순환을 위해 일상 글을 적는 것이 좋다. 일상 글은 오늘 있었던 일도 좋고 여행을 다녀온 것도 좋다. 혹은 카페에서 책을 읽은 것도 좋다. 나와 관련된 것이라면 어떤 것도 일상 글에 해당된다.

독자는 당신의 전문적인 글도 좋아하지만, 당신이 어떤 사람인지 알고 싶어 한다. 독자들과 지속적으로 소통하려면 당신이 어떤 사람인지 알리는 것이 필요하다. 당신의 일상을 보여주면 독자는 당신에게 관심을 가지고 더 자주 블로그를 방문할 것이다.

그리고 일상 글을 적으면 블로그를 하는 재미도 느끼게 된다. 전문적인 글을 적을 때는 힘들고 지루할 수 있는데 일상 글을 적음으로써 삶의 행복을 느끼고 블로그를 하는 재미도 느낄 수 있는 것이다. 블로그를 오랫동안 지속할 수 있는 원동력이 된다.

일상 글을 추억으로 보관하고 싶다면 블로그의 PDF 만들기 기능을 이용하는 것이 좋다. 블로그 프로필 하단의 [관리] 탭에 들어가 [메뉴, 글, 동영상

관리] → [글 관리] → [글 저장]을 클릭하면 원하는 글을 PDF 파일로 만들 수 있다. 파일 제목은 별도로 작성할 수 있고 본인이 직접 작성한 글만 포함된다. 최대 20개까지 PDF를 만들 수 있다.

지금까지 매일 전문적인 글을 적었다면 일주일에 1~2회는 일상 글을 적어보자. 당신이 어떤 사람인지 알리는 것도 퍼스널 브랜딩하는 데 중요한 역할을 한다. 블로그에 일상 글을 적으면 블로그를 오랫동안 지속할 수 있고 더 나아가 삶의 행복을 느낄 수 있다.

06 블로그 글쓰기 소재는 평소에 찾아라

앞서 잠깐 이야기했듯이 블로그 글쓰기 소재는 평소에 찾아야 한다. 평소에 소재가 생각나면 재빨리 스마트폰의 메모장에 기록해두는 것이 중요하다.

소재는 많이 찾을수록 좋다. 나중에 해당 소재로 글을 작성하지 않더라도 비슷한 소재가 떠오를 수 있기 때문이다. 소재를 찾는 데 많은 시간을 투자할 필요는 없다. 자투리 시간으로 충분하다. 회사에 다닌다면 출근, 퇴근 교통길이나 점심시간을 이용하는 것이 좋다.

소재는 자연스럽게 생각날 때가 많다. 아무 생각 없이 길을 걷다가도 문득 블로그 소재가 생각나는 것이다. 그때의 영감은 자주 오는 것이 아니므로 귀찮더라도 반드시 기록해야 한다. 기록해둔 소재가 블로그 포스팅하기 어려운 주제라면 서브 플랫폼 소재로 활용해도 좋다.

자려고 누웠을 때 소재가 생각나면 불을 켜고 스마트폰 혹은 수첩에 소재를 기록해야 한다. 그리고 다음 날 아침에 일어나 소재를 확인하고 제대로 옮겨 적어야 한다. 아무리 생각해도 찾지 못했던 소재가 우연히 생각나는 경우가 많다. 그래서 우연한 순간을 소중하게 생각해야 한다.

소재를 평소에 찾는 습관을 들이면 블로그 포스팅이 쉬워진다. 소재가 충분하면 블로그 글 쓰는 데 큰 어려움이 없다. 반대로 소재가 없으면 블로그 글 쓰는 것이 상당히 어렵다. 블로그 글쓰기를 지속하는 힘은 소재에 있다는 것을 명심해야 한다. 소재는 기록으로부터 시작된다.

07 1일 1포스팅은 역산법과 유한법을 기억하라

1일 1포스팅을 하는 사람들이 상당히 많다. 1일 1포스팅을 하면 블로그 지수를 높이는 데 도움이 되기 때문에 여력이 된다면 하는 것이 좋다.

하지만, 1일 1포스팅을 지속하는 것이 쉽지는 않다. 소재가 충분히 있어야 하고 글쓰기도 습관화 되어야 하기 때문이다. 무엇보다 1일 1포스팅을 위해 블로그 주제와 관련이 없는 글을 많이 쓰고는 한다. 이는 잘못된 방법이다.

1일 1포스팅을 위해 블로그 주제와 관련 없는 글을 많이 적어서는 안 된다. 그렇다면, 1일 1포스팅에 효과적인 글쓰기 전략은 무엇일까? 1일 1포스팅의 관점을 바꾸는 방법에 대해 알아보자.

보통 1일 1포스팅은 매일 블로그 글을 1개씩 적는다고 생각한다. 정해진 기한 없이 매일 블로그 글을 쓰는 것은 무한으로 글을 적을 수 있는 것과 같은 의미다. 하지만, 1일 1포스팅의 관점을 바꿀 수도 있다. 한 달에 블로그 글을 30개 적는다고 생각하는 것이다. 이는 매일 블로그 글을 1개씩 적는 것과 같은 의미다. 매일 블로그 글을 1개씩 적으면 한 달이면 30개의 글을 적을 수 있기 때문이다. 의미는 같더라도 1일 1포스팅의 관점을 바꿔야 한다.

'매일 블로그 글을 1개씩 적는 것'과 '한 달에 블로그 글을 30개 적는 것'은 어떤 차이가 있을까? 전자는 블로그 글쓰기를 무한으로 생각하는 것이다. 즉,

블로그 글을 정해진 기한 없이 무한으로 적을 수 있다고 생각하는 것이다.

반대로 후자는 블로그 글쓰기를 유한으로 생각하는 것이다. 한 달에 블로그 글을 30개만 적는다. 한 달이라는 기간과 30개라는 개수가 정해져 있다. 한 달이라는 기간 안에 블로그 글을 30개밖에 적을 수 없기 때문에 중요하고 필요한 글을 적을 수 있다. 우선순위에 따른 글쓰기가 가능한 것이다.

끝에서부터 생각하는 것을 '역산법'이라고 한다. 한 달이라는 기간을 정하는 것은 거꾸로 관점을 보는 것이므로 역산법에 해당된다. 유한하다고 생각하는 것을 '유한법'이라고 한다. 한 달에 30개의 글을 쓰는 것은 정해진 포스팅 수가 있기에 유한법에 해당된다.

1일 1포스팅에 역산법과 유한법이 필요한 이유는 무엇일까? 기간과 개수를 정해서 글을 적으면 어떤 점이 좋을까?

첫째, 독자들에게 꼭 필요한 글을 우선순위대로 적을 수 있다.

한 달에 30개의 글만 적어야 하기에 메인 콘텐츠에 해당되는 주제의 글에 비중을 높일 수밖에 없다. 우선순위대로 글을 적기 때문에 독자들이 꼭 알아야 하는 내용을 빨리 전달할 수 있다.

둘째, 구색을 갖춘 글을 적을 수 있다.

기간과 개수를 정해서 글을 적으면 우선순위대로 글을 적게 되므로 구색을 갖춘 글을 적을 수 있다. 구색을 갖춘 글이란 전문성이 갖춰지고 독자들에게 필요한 글을 의미한다. 독자들을 위한 글을 적으면 저절로 구색이 갖춰진다.

셋째, 에너지와 시간 낭비를 줄인다.

기간과 개수를 정하지 않고 글을 쓰면 불필요한 글을 많이 적게 된다. 물론 혈액 순환을 위해 일상 글이 필요하지만 불필요하게 일상 글을 많이 적는 것은 비효율적이다. 만약 비즈니스 목적으로 블로그를 운영한다면 불필요한 글을 줄이고 독자들에게 필요한 글을 많이 적어야 한다. 불필요한 글을 줄이는 것만 해도 에너지와 시간 낭비가 덜하기 때문에 원하는 목적지에 빠르게 도달할 수 있다.

역산법과 유한법이 1일 1포스팅에만 적용되는 것은 아니다. 지금까지 한 달에 평균 10개의 글을 적었다면 역산법과 유한법을 다음과 같이 적용할 수 있다. 가장 먼저 역산법을 적용하는 것이다. 30일이라는 기간을 정해놓는다. 그리고 유한법을 적용하면 된다. 10개의 포스팅을 계획한다. 종합하면 30일 동안 10개의 포스팅을 한다고 계획 세우면 된다.

역산법과 유한법은 블로그 글쓰기뿐만 아니라 인생에도 적용할 수 있다. 인생이 유한하다고 생각하는 순간 일상이 소중해진다. 그리고 현재의 삶을 충실히 살아가도록 도움을 준다.

역산법과 유한법을 활용해서 1일 1포스팅을 해보자. 기간과 개수를 정하고 블로그 글만 썼을 뿐인데 독자들에게 필요한 글을 적을 수 있다. 또한 에너지, 시간 낭비도 줄일 수 있을 것이다.

08 구색을 갖춘다고 생각하라

블로그 포스팅할 때 구색을 갖춘다는 생각으로 글을 쓰는 것이 좋다. 블로그는 저장의 기능이 있다. 글을 쓰면 사라지지 않고 블로그에 차곡차곡 쌓이는 것이다.

블로그 카테고리에 구색을 갖춘 글이 많아야 한다. 구색을 갖춘다는 것은 전문성을 입증할 수 있는 글이 많은 것을 말한다. 기본적인 세팅이 되어 있어야 원하는 기회를 빠르게 잡을 수 있다.

물론 구색만 갖췄다고 해서 끝이 아니다. 최소한의 구색을 갖춘 다음 양질의 글을 지속적으로 써야 한다. 구색을 갖춘 글을 쓰기 위해 독자들이 해당

글 제목	조회수	작성일
네이버 영수증 리뷰쓰고 네이버페이 포인트 적립하는 방법 (7)	85	2021. 11. 3.
다이소 포인트 적립, 사용하는 방법 (멤버십 어플 설치하기) (1)	2,150	2021. 11. 2.
배달음식 저렴하게 먹는 방법 (요기요 요기패스, 쿠팡이츠 첫 주문 할인쿠폰) (2)	236	2021. 11. 2.
스타벅스 e프리퀀시 적립으로 돈 버는 방법 (스타벅스 커피 싸게 먹기) (12)	349	2021. 11. 1.
기프티콘 구매, 판매 어플 소개 : 니콘내콘, 팔라고 사용법 (1)	283	2021. 10. 28.
부산 지역화폐 동백전 카드 사용처, 한도, 캐시백, 소득공제 혜택 총정리 (1)	717	2021. 10. 27.
중고나라 거래방법 꿀팁 공개 (네이버페이 사용, 택배 보내기)	518	2021. 10. 25.
국민 영수증 프로그램을 보고 느낀 지출의 올바른 방법 (종잣돈 모으기) (2)	118	2021. 10. 25.
당근마켓 동네알바 해보셨나요? (동네생활 알아보기) (2)	1,026	2021. 10. 25.
코로나 상생소비지원금, 어떻게 사용하면 좋을까? (신청방법, 캐시백받기) (5)	159	2021. 10. 20.

▲ 구색을 갖춘 글쓰기(메인 콘텐츠)

주제에 대해 어떤 내용을 알고 싶어 하는지 충분히 고민하는 시간이 필요하다. 그래서 시간적인 여유가 된다면 블로그 글이나 유튜브 영상, 혹은 책을 살펴보는 것이 좋다.

구색을 갖추지 않고 글을 쓰면 어떤 문제가 있을까? 가장 먼저 불필요한 글을 적게 된다. 이에 따라 시간, 에너지 소모가 커진다. 독자들에게 필요한 글을 먼저 적어야 하지만 내가 원하는 글을 먼저 적을 확률이 높다. 이렇게 되면 블로그의 방향성을 잃어버릴 수도 있다.

반대로 구색을 갖춘다는 생각으로 글을 쓰면 독자들에게 필요한 글을 먼저 적을 수 있고 전문성을 빠르게 입증할 수 있다. 결과적으로 블로그를 빨리 성장시키는 데 도움을 준다. 전문성이 입증되면 강의, 인터뷰, 책 출간, 협업 등의 기회를 많이 얻을 수 있다.

우리는 시간이 한정되어 있다. 똑같은 시간을 투자하고도 누군가는 성과를 내고 또 다른 누군가는 성과를 내지 못한다.

그 이유는 '구색'에 있다. 이제부터 최소한의 구색을 갖춘다는 생각으로 블로그 글을 적어보자. 블로그 주제에 대해 사람들이 어떤 것을 궁금해할지 노트에 적어보자. 생각이 나지 않는다면 블로그, 유튜브, 책, 재능 마켓을 참고하자. 그리고 전문성을 입증할 수 있는 글을 지속적으로 써보자. 블로그로 더 많은 기회를 얻을 것이다.

09 컨셉을 잡아 드라마 형식으로 글을 써라

블로그 글쓰기가 어렵다면 컨셉을 잡아 드라마 형식으로 글을 쓰는 것도 좋은 방법이다. 글의 제목에 컨셉을 넣으면 글이 새롭게 보이고 사람들의 이목을 끄는 장점이 있다.

컨셉을 잡아 드라마형식으로 글 쓰는 것을 추천하는 이유는 소재를 많이 만들 수 있고 독자들이 궁금증을 가지고 다음 글을 기다리기 때문이다. 그리고 이러한 연재 글은 블로그의 체류 시간을 늘리는 데 도움이 된다.

컨셉을 잡아 드라마 형식으로 글을 쓰는 것은 간단하다. TV 드라마를 생각해보자. 매회 내용이 끊어지지 않고 이어진다. 이를 블로그에 접목한 것이다. 주제를 정해 내용이 끊어지지 않고 이어지게 글을 적는 것이다. 쉽게 말해 글을 연재해서 적는 것이다.

예를 들어, 운동에 도움이 되는 글을 적는다고 하자. '운동을 처음 한다면 ~부터 하세요.'라는 컨셉을 만들 수 있다. '운동을 처음 한다면 가슴 운동부터 하세요.', '운동을 처음 한다면 식단관리부터 하세요.', '운동을 처음 한다면 헬스장부터 가세요.', '운동을 처음 한다면 식사를 제때 드세요.' 이런 식으로 연재 글을 적는 것이다. 참신한 소재를 많이 만들 수 있고 사람들의 이목을 끌 수 있다.

컨셉을 잡는 데 도움이 되는 제목은 책의 4장 '창의적인 블로그 제목 만드는 표현 20가지'를 참고하면 된다. 컨셉을 잡아 드라마 형식으로 글을 쓰는 것은 차별화하기에 아주 좋은 전략이다. 다른 어느 누구도 따라 할 수 없기에 가치가 높다. 이런 식으로 연재 글을 쓰면 추후 전자책, 종이책 출간하는 데도 도움이 된다. 한 편의 연재 글이 책의 한 파트가 될 수 있기 때문이다.

세상에서 단 하나뿐인 글을 적어보자. 소재를 찾는 데 어려움이 있었다면 도움이 될 것이다. 컨셉을 잡아 드라마 형식으로 글을 적는 것은 참신한 소재를 많이 만들 수 있고 책 출간에도 도움이 되는 좋은 방법이다.

누구나 클릭할 수 밖에 없는 블로그 제목 쉽게 찾는 방법 <마지막 이야기> (12)	118	2021. 5. 31.
누구나 블로그 수익화 구조, 시스템 쉽게 찾는 방법 <3> (12)	139	2021. 5. 28.
누구나 블로그 검색이되는 키워드 쉽게 찾는 방법 <2> (4)	103	2021. 5. 27.
누구나 블로그 콘텐츠, 글감 아이디어 쉽게 찾는 방법 <1> (6)	90	2021. 5. 26.
블로그를 처음한다면 간단한 사진, 디자인 편집부터 배우세요. <마지막 이야기> (8)	107	2021. 5. 25.
블로그를 처음한다면 1일 1포스팅부터 하세요. <3> (10)	124	2021. 5. 19.
블로그를 처음한다면 대본 작성부터 하세요. <2> (10)	143	2021. 5. 18.
블로그를 처음한다면 벤치마킹부터 하세요. <1> (14)	141	2021. 5. 17.
블로그에 글만 썼을 뿐인데 기획자 1인기업이 되다. <마지막 이야기> (11)	103	2021. 5. 12.
블로그에 글만 썼을 뿐인데 방구석 유튜버가 되다. <3> (9)	87	2021. 5. 11.
블로그에 글만 썼을 뿐인데 강의하는 강사가 되다. <2> (19)	126	2021. 4. 30.
블로그에 글만 썼을 뿐인데 전자책, 종이책 작가가 되다. <1> (19)	161	2021. 4. 28.

▲ 컨셉을 잡아 드라마 형식으로 글쓰기

10 블로그를 통해 꿈꾸는 삶을 생각하라

블로그를 하다 보면 누구나 한 번쯤은 글쓰기에 흥미를 잃어버릴 때가 있다. 어느 순간부터 블로그 포스팅하는 것이 귀찮고 이걸 왜 하나 싶은 생각이 들 수 있다. 특히 블로그 방문자 수가 늘지 않을 때 이러한 고민이 깊어지고는 한다.

가장 추천하는 방법은 블로그를 통해 꿈꾸는 삶을 생각하는 것이다. 블로그를 통해 미래의 모습을 그려보는 것은 슬럼프를 막을 수 있고 블로그 글쓰기를 지속할 수 있도록 도와준다. 블로그를 통해 꿈꾸는 삶을 소개하면 다음과 같다.

첫째, 블로그로 많은 사람들을 만나고 추억을 쌓는 것이다.

블로그를 하면서 이웃을 직접 만날 수 있었다. 부산, 대구, 서울 지역에서 이웃을 만나고 고민을 공유했다. 그리고 서로에게 도움이 되는 긍정적인 이야기를 나눴다. 블로그 이웃을 만나는 것은 삶에 새로운 활력이 되었다. 앞으로도 블로그라는 플랫폼으로 많은 사람들을 만나 추억을 쌓고 싶다.

둘째, 체험단을 통해 삶의 즐거움을 발견하는 것이다.

진정한 디지털노마드는 블로그를 하는 재미를 느낄 수 있어야 한다고 생각한다. 블로그를 하는 재미를 느낄 수 있는 좋은 방법은 체험단이다. 책 읽는 것을 좋아해서 서평 체험단을 주로 했는데 앞으로는 제품을 받는 체험단, 음식 체험단을 많이 해서 삶의 즐거움을 발견하고 싶다.

넷째, 블로그를 통해 시간적, 경제적 자유를 이루는 것이다.

지금까지 블로그로 많은 기회를 얻었다. 강의, 온라인 동영상, 책 출간 모두 블로그가 아니었다면 불가능했다. 지금도 블로그를 통해 시간적, 경제적 자유를 이루기 위해 노력하고 있다. 일하지 않고도 돈을 버는 시스템을 구축하는 것이 가장 큰 목표다.

블로그를 통해 꿈꾸는 삶을 생각하면 블로그 글쓰기를 오랫동안 지속할 수 있다. 지금 당장 A4 용지에 블로그를 통해 꿈꾸는 삶을 3가지 이상 적어보자. 신기하게도 블로그 글쓰기가 쉬워질 것이다.

POINT 저품질 고민하는 시간이 가장 아깝다

블로그를 하는 많은 사람들이 흔히 하는 고민은 블로그 저품질이다. 시간을 투자한 블로그가 저품질이 되지 않을까 걱정한다. 그래서 블로그 저품질에 대한 정보를 얻고 공부를 한다.

여기까지는 좋지만, 문제는 그 다음부터다. 저품질에 대한 걱정으로 스트레스를 받고 블로그 포스팅하는 것을 주저한다. 블로그에 대한 흥미까지 잃어버리는 것이다.

사실 블로그 저품질은 고민할 필요가 전혀 없다. 상식적으로 생각해보면 답이 나오기 때문이다. 쿠팡 파트너스와 같은 링크, 이미지 재사용, 글 삭제, 스크랩 글이 저품질을 유발한다고 알고 있다. 일반적으로 이러한 행동들이 과하면 블로그에 악영향을 미치는 것을 짐작할 수 있다. 반대로 이러한 행동들이 과하지 않다면 큰 문제가 되지는 않는다.

결국, 저품질에 대한 것은 상식적으로 생각해보면 답이 나온다. 대부분 과하지 않으면 큰 문제가 되지는 않는다. 그래서 우리는 저품질에 대해 신경 쓰는 것이 아닌 양질의 포스팅에 집중해야 한다. 나중에 돌이켜보면 저품질 고민하는 시간이 가장 아깝다. 그 시간에 블로그 포스팅 1개라도 더 하는 것이 훨씬 낫다. 쓸데없는 고민으로 시간을 낭비해서는 안 된다.

그럼에도 저품질에 대해 가장 걱정 많은 것이 이미지 재사용일 것이다. 많은 사람들이 이미지 재사용에 대한 고민을 많이 한다. 블로그 포스팅을 하다 보면 어쩔 수 없이 이미지를 재사용할 때가 있다. 역시 과하지 않는다면 큰 문제가 되지 않는다. 적절한 이미지가 없다면 블로그 글감 탭의 이미지를 사용하는 것도 좋은 방법이다.

주변에서 블로그 저품질에 대한 이야기를 하면 흔들릴 수밖에 없다. 그럼에도 저품질에 신경 쓰는 것이 아닌 양질의 포스팅을 꾸준히 하겠다는 굳건

한 마음가짐이 필요하다. 저품질이 걱정되면 상식적으로 생각해보자. 전혀
문제가 되지 않을 것이다.

블로그 글쓰기를 통해 인생의 기회를 만들 수 있다. 기회는 돈과 직접적으로 연결된다. 블로그 글쓰기를 통해 인생이 바뀐 사람이 주변에 너무 많다. 인생을 정말 바꾸고 싶다면 블로그를 해야 한다. 블로그 글쓰기로 인생의 기회 만드는 방법을 소개하면 다음과 같다.

첫째, 블로그 포스팅을 꾸준히 해야 한다.

블로그를 시작 하고 나서 지금까지 블로그 포스팅을 꾸준히 했다. 바쁠 때는 블로그 포스팅을 못 한 날도 있지만 대체로 꾸준히 글을 적었다. 중요한 것은 자신만의 템포를 조절하며 블로그 포스팅을 꾸준히 해야 한다는 것이다.

블로그 포스팅을 꾸준히 하기 위해서는 블로그를 왜 해야 하는지 아는 것이 중요하다. 그래서 앞서 블로그 운영 방향 정하는 것을 살펴본 것이다. '위대할수록 상식적이다.'는 말이 있다. 블로그 포스팅을 꾸준히 하는 것은 분명 위대한 일이다. 잘하는 것보다 꾸준히 하는 것이 더 어렵기 때문이다.

블로그 글은 누적이 될수록 큰 힘을 발휘한다. 블로그 주제로 책을 쓰거나 강의를 할 수 있다. 퍼스널 브랜딩을 할 수 있고 전문가로 인정받을 수 있다. 블로그 포스팅을 꾸준히 하는 것이 어마어마한 가치를 지녔다는 것을 깨닫는 순간 삶이 달라질 것이다.

둘째, 블로그 색깔을 만들어야 한다.

블로그로 인생의 기회를 만들기 위해서는 고유의 색깔이 필요하다. 개성이 중요하다는 것이다. 남들이 시도하지 않는 차별화된 글을 많이 적을 필요가 있다. 황금 키워드를 찾으려고 하는 것이 아닌 황금 소재를 찾으려고 해야 한다. 황금 소재를 찾아 꾸준히 글을 적으면 블로그 색깔이 만들어진다.

블로그 글쓰기는 다른 사람과 비교하는 상대적인 것이 아니다. 오직 자신만의 글쓰기를 해야 한다. 콘텐츠가 맵다면 더 맵게 만들어야 한다. 블로그에 색깔이 강하게 드러났을 때 인생의 기회는 찾아올 것이다.

셋째, 기회가 오면 절대 놓치지 않아야 한다.

앞서 말한 자신만의 색깔이 담긴 글쓰기를 꾸준히 하면 분명 기회가 찾아올 것이다. 책 출간, 강의, 인터뷰, 방송 출연, 온라인 동영상, 제휴, 협찬 등 다양하다. 인생의 기회가 찾아오면 절대 놓치지 않아야 한다. 간혹 "저는 아직 부족해요. 그럴 역량이 안 됩니다."라고 말하는 사람들도 있는데 지나치게 겸손할 필요는 없다.

살면서 기회가 자주 찾아오는 것은 상당히 드문 일이다. 스포츠에서 우승 전력이 갖춰졌을 때 쥐어짜서라도 우승하려고 하는 것도 같은 이유다. 기회가 찾아왔을 때 필사적으로 움켜 잡아야 한다. 기회는 또 다른 기회를 만들기 때문이다. 기회가 경력이고 경력은 돈을 불리는 데 도움을 준다.

자신의 실력을 너무 걱정할 필요는 없다. 실력을 측정할 수 있는 기준은 어디에도 없기 때문이다. 인생의 기회를 만들기 위해서는 실력보다 색깔이 더 중요하다. 실력은 엇비슷할 수 있지만, 색깔은 고유한 것이기 때문이다.

블로그에 자신만의 색깔이 담긴 글쓰기를 지속한다면 인생의 기회가 찾아오는 것은 시간문제다. 그리고 기회가 찾아왔을 때 감사하는 마음으로 최선을 다하면 된다. 블로그 글쓰기로 기회를 만드는 사람은 블로그 글쓰기의 진가를 알아본 사람이다.

세상에서 가장 쉬운 네이버 블로그 글쓰기

NAVER blog **.ZIP**

PART 06

블로그로 돈을 버는 방법

01 _애드포스트

02 _전자책

03 _강의, 컨설팅

04 _스터디

05 _협업, 제휴

POINT : 블로그로 돈을 버는 원칙 3가지

POINT : 블로그 수익화에 도움 되는 마케팅 방법 6가지

TIP : 블로그 서포터즈로 돈 버는 방법

01 애드포스트

블로그로 돈을 버는 가장 쉬운 방법은 단언컨대 애드포스트다. 애드포스트는 '미디어에 광고를 게재하고 광고에서 발생한 수익을 배분 받는 광고매칭 및 수익공유서비스'이다. 여기서 말하는 미디어는 네이버 블로그 뿐만 아니라 네이버 포스트, 밴드도 해당된다.

네이버 블로그 애드포스트에 대해 더 자세히 알아보도록 하자. 우선 개인이 운영할 수 있는 블로그 개수는 3개이기 때문에 애드포스트 미디어에 3개까지 등록이 가능하다.

애드포스트 광고를 게재하기 위한 조건이 있다. 조건을 만족해야 애드포스트 광고를 게재할 수 있도록 승인된다. 광고 조건은 블로그 개설 90일 이상, 포스팅 50개 이상, 평균 방문자 수 100명 이상이다. 정확한 수치 그대로 적용되지는 않고 약간 유동적으로 움직이는 편이다.

네이버 애드포스트 광고가 승인이 되면 [애드포스트 설정] 탭에서 애드포스트 사용 설정, 본문광고 사용 설정, 본문광고 위치 선택을 할 수 있다.

[애드포스트 사용 설정]에서 '사용'을 클릭해야 애드포스트 사용을 할 수 있다. [본문광고 사용 설정] 또한 '사용'을 클릭해야 본문광고를 사용할 수 있다. 다만, 스마트에디터 2.0으로 작성된 포스트는 적용되지 않는다.

[본문광고 위치 선택] 또한 자유롭게 할 수 있다. '모두(기본)', '중간', '하

애드포스트 설정

미디어에 광고를 게재하고 광고에서 발생한 수익을 배분 받는 광고 매칭 및 수익 공유 서비스입니다.
애드포스트 관리하기

애드포스트 사용 설정   ◉ 사용   ○ 사용하지 않음
하단광고와 본문광고가 모두 노출됩니다.

본문광고 사용 설정   ◉ 사용   ○ 사용하지 않음
스마트에디터 2.0 으로 작성된 포스트는 적용되지 않습니다.

본문광고 위치 선택   ◉ 모두(기본)   ○ 중간   ○ 하단

· 변경 시 전체문서의 본문광고 위치가 모두 변경됩니다.
· 중간의 경우, 본문 중 가장 적합한 곳에 노출됩니다.
· 모두(기본)의 경우, 최근 활동성과 품질 지수가 일정이상 충족되지 않거나
  적합한 광고 소재가 없으면 첫 번째 광고는 노출되지 않을 수 있습니다.

▲ 애드포스트 설정

단' 중에 자유롭게 선택할 수 있으며 '중간'의 경우 본문 중 가장 적합한 곳에 노출된다. '모두(기본)'의 경우 최근 활동성과 품질 지수가 일정이상 충족되지 않거나 적합한 광고 소재가 없으면 첫 번째 광고는 노출되지 않을 수 있다. 현재까지 '모두(기본)'의 첫 번째 광고는 글의 내용과 관련 없는 광고가 게재되고 있다.

[애드포스트 관리하기]를 누르면 수입현황을 확인할 수 있다. 수입현황은 매일 확인할 수 있으며 수입전환을 언제든지 신청할 수 있다. 수입 전환은 네이버페이 포인트, 현금 모두 가능하다.

[미디어관리] → [미디어설정] → [미디어명]을 클릭하면 미디어 정보와 미디어 설정을 확인할 수 있다. [미디어 설정] 탭에서는 애드포스트 광고 게재 설정을 할 수 있고, 광고 URL 차단 설정도 할 수 있다.

▲ 미디어 설정 탭에서 애드포스트 광고 게재, 광고 URL 차단 설정하기

[미디어 정보] 탭에서는 선호주제를 설정할 수 있는데 선호주제는 한 가지를 선택할 수 있으며 반드시 선택해야 한다. 선호주제를 어떤 것으로 선택하느냐에 따라 광고가 달라지고 광고단가 역시 다르기 때문에 애드포스트 수익은 천차만별로 다르다. 선호주제는 블로그 주제에 해당하는 것을 선택하거나 포스팅 빈도수가 높은 것을 선택하는 것이 좋다.

블로그 글을 쓰다 보면 광고를 게재하고 싶지 않은 글도 분명 있을 것이다. 애드포스트 광고수입은 얻고 싶은데 광고를 게재하기 싫은 글이 있을 때 고민이 될 것이다. 블로그 글의 오른쪽 상단 점 3개를 클릭한 후 '광고 미사용'을 클릭하면 광고가 게재되지 않는다. 홍보하기 위한 글은 광고를 게재하지 않는 것이 좋다.

애드포스트 수입은 일반적으로 많지는 않지만, 열심히 하면 누구나 한 달에 치킨값 정도는 벌 수 있다. 그리고 인플루언서가 되면 프리미엄 광고를 게재할 수 있는데 프리미엄 광고는 일반 애드포스트 광고와 수입적인 측면

▲ 미디어 정보 탭에서 선호주제 설정하기

에서 차이가 있기 때문에 블로그를 운영한다면 인플루언서에 도전하는 것이 좋다. 애드포스트 수입은 광고 키워드 단가에 따라 수입이 천차만별이다. 광고 단가가 높은 키워드를 별도로 알아내려고 애쓰는 사람들도 있지만 블로그 성장에 좋은 방법은 아니다. 애드포스트 광고 단가가 높은 키워드에 집착하다 보면 블로그 방향성이 사라지고 소중한 이웃도 잃을 수 있다. 그리고 광고 단가가 높은 키워드는 경쟁이 치열하기 때문에 키워드를 조합해서 글을 작성하더라도 상위노출 되기 쉽지 않다.

그래서 애드포스트 광고 단가가 높은 키워드에 집착하는 것이 아니라 블로그 포스팅에 집중하는 것이 좋다. 블로그 포스팅을 꾸준히 하면 애드포스트 수익은 저절로 따라온다. 결국 소재를 지속적으로 만들어내는 것이 중요하다. 소재를 많이 만들어내면 황금 키워드가 저절로 찾아진다. 애드포스트 수익을 늘리기 위한 가장 좋은 방법은 양질의 글을 꾸준히 쓰는 것이다. 블로그 포스팅을 열심히 한다면 애드포스트 수입은 저절로 늘어날 것이다.

02 전자책

앞서 블로그로 돈을 버는 직접적인 방법으로 애드포스트에 대해 알아보았다. 이제부터는 블로그로 돈을 버는 간접적인 방법에 대해 알아보려고 한다. 블로그로 돈을 버는 간접적인 방법 중에 진입장벽이 낮고 가장 쉽게 할 수 있는 것이 전자책이다.

전자책은 전자책 부업, 전자책 투잡이라는 용어로 통용되고 있다. 여기서 말하는 전자책은 인터넷서점의 전자책이 아니라 재능 마켓, 블로그, 카페, 개인 홈페이지에서 판매할 수 있는 전자책이다. 비교적 진입장벽이 낮기 때문에 일반인도 쉽게 도전할 수 있는 영역이다.

전자책은 주로 크몽, 탈잉, 클래스101, 블로그, 카페, 스마트스토어, 개인 홈페이지에서 판매할 수 있다. 한 권의 전자책을 제작하면 여러 사이트에 판매해서 수익을 극대화 할 수 있는 것이 큰 장점이다.

전자책은 한글파일, 워드, PPT 템플릿으로 작성할 수 있다. PPT 템플릿으로 전자책을 작성할 때는 직접 만든 PPT 템플릿이 가장 좋다. 여의치 않다면 PPT 템플릿을 구매해서 사용해도 되는데 상업적으로 이용 가능한지 여부를 꼭 확인해야 한다. 전자책을 쓰다가 이미지를 넣을 때는 캡처한 사진이 가장 좋고 인터넷에 있는 이미지는 저작권을 꼭 확인해야 한다. 출처를 밝히더라도 저작권에 위배되는 경우도 있다.

블로그를 전자책과 연결시키는 방법은 간단하다. 블로그 콘텐츠를 전자책 주세로 활용하는 것이다. 예를 들어, 블로그 콘텐츠가 주식이라면 주식 전자책을 만드는 것이다. 블로그 콘텐츠가 무자본창업이라면 무자본창업 전자책을 만들면 된다. 이 방법을 추천하는 이유는 전자책을 작성할 때 블로그 포스팅한 것을 참고할 수 있어 시간이 절약되고 퍼스널 브랜딩에 도움이 되기 때문이다. 블로그 콘텐츠와 전자책 주제가 동일하면 매출을 올리는 데 도움이 된다.

블로그 글을 전자책에 활용하는 방법에 대해 더 자세히 알아보자. 가장 먼저 조회 수가 높고, 공감 수가 많고, 댓글 수가 많은 블로그 글을 추려서 전자책 목차로 구성한다. 조회 수, 공감 수, 댓글 수가 많은 글은 이미 수요가 증명되었기 때문에 전자책 목차로 활용하면 좋다.

전자책을 작성할 때는 블로그 포스팅 한 것을 참고하면 좋은데 블로그 글 일부를 활용하면 된다. 물론 전자책은 돈을 받고 판매하는 것이기 때문에 블로그 글의 일부를 활용하되 부연 설명을 많이 적어야 한다. 일부를 활용하는 것에 대해 쉽게 설명하면 대학수학능력시험에서 EBS 교재를 연계하는 것과 같은 의미라고 생각하면 된다. 단어, 문장, 표현을 바꿔서 적는 것이다.

수익을 늘리기 위해 전자책을 여러 권 만드는 것보다 한 권을 제대로 만드는 것이 좋다. 전자책을 많이 만들면 판매할 책이 많아서 수익이 늘어날 거라고 생각하지만 실상은 그 반대다. 홍보할 것이 많으면 에너지가 분산되고 어느 하나도 제대로 판매하기 어렵다. 그래서 전자책은 한 권만 만들겠다는 생각을 갖고 완벽하게 만들어야 한다.

전자책을 작성하기 전 수요가 있는지 따져봐야 한다. 재능 마켓에서 판매되고 있는 전자책을 훑어본 뒤 판매량, 후기를 확인한다. 판매가 많고 후기가 많을수록 전자책 주제는 수요가 있다. 수요가 있는 전자책에 차별화를 하는 것이 가장 좋은 방법이다.

쓰고 싶은 전자책이 수요가 없으면 어떻게 해야 할까? 블로그 콘텐츠를 활용해서 전자책을 작성하고 싶지만, 수요가 없다고 판단할 수도 있을 것이다. 그렇다 하더라도 걱정할 필요는 없다. 블로그, 카페, 스마트스토어, 개인 홈페이지에서 판매하면 된다. 물론 재능 마켓에 전자책을 등록하는 것이 좋다. 밑져야 본전이기 때문이다.

현재 전자책 시장은 포화상태다. 재능 마켓에서 전자책을 판매하더라도 트래픽을 전적으로 믿어서는 안 된다. 트래픽으로 전자책이 판매되려면 좋은 결과물을 보여야 한다. 하지만, 이는 상위 5% 이내 전자책 판매자가 독식하고 있어 쉽지 않다. 그래서 우리가 할 수 있는 최선의 방법은 블로그로 퍼스널 브랜딩을 하고 팬들에게 판매하는 것이다. 이 방법만이 앞으로도 전자책으로 월세 수입 이상을 벌 수 있게 해준다.

전자책에 대해 자세하게 언급했지만, 종이책에 활용할 수도 있다. 종이책 역시 같은 원리로 적용이 가능하다. 블로그와 전자책, 종이책은 별개가 아니라 같은 것이다.

03 강의, 컨설팅

블로그로 돈을 버는 간접적인 방법 중에 진입장벽이 낮고 가장 쉽게 할 수 있는 것이 전자책이라고 언급했다. 전자책을 판매할 때 추가적인 부수입을 만드는 방법이 있다. 강의, 컨설팅을 하는 것이다.

재능 마켓에서 전자책을 판매하는 사람들 중에 일부는 강의, 컨설팅 상품도 같이 판매하고 있다. 즉, 전자책과 강의, 컨설팅은 별개가 아니라 같은 것이라고 할 수 있다.

강의, 컨설팅을 어떻게 블로그와 연결시킬 수 있을까? 원리는 앞서 말한 전자책과 동일하다. 조회 수, 공감 수, 댓글 수가 많은 블로그 글을 참고해서 강의 커리큘럼에 활용할 수 있다. 그리고 블로그 글의 내용을 참고해서 강의 교재 PPT를 만들 때 도움을 얻을 수도 있다.

강의, 컨설팅에 대해 자세히 알아보자. 강의는 일반적으로 1:N으로 여러 명의 사람들을 대상으로 가르치는 것이다. 컨설팅은 1:1로 1명을 대상으로 가르치는 것이다. 강의는 포괄적인 내용을 주로 다룬다면 컨설팅은 맞춤형 교육이 가능하다는 장점이 있다.

처음에는 1:1 형식의 컨설팅을 추천한다. 컨설팅을 하면서 적응이 되고 부담이 줄어들면 점차 인원을 늘려가는 것이 좋다. 소수의 인원으로 3~5회 정도 강의를 하면 적응이 되기 때문에 이후에 수강하는 인원을 늘리는 데 부담이 없을 것이다.

강의, 컨설팅을 하는 것은 퍼스널 브랜딩을 할 수 있는 가장 좋은 방법이다. 강의를 준비하면서 PPT 만드는 실력이 늘어나고 교육 분야에 대해 더 많이 공부하게 된다. 결국 강의를 하면서 경력이 쌓이고 전문가로 인정받게 된다.

많은 사람들이 강의, 컨설팅을 주저하는 이유는 본인의 능력을 너무 과소평가하기 때문이다. 아직 전문가가 아니고 준비가 덜 되었다고 생각할 수 있다. 하지만, 일단 시작하는 것과 미루는 것은 천지차이다. 실력을 늘리겠다는 생각보다 실행하는 것이 훨씬 낫다.

어떤 분야라도 강의하는 내용은 사실 비슷비슷하다. 엄청난 특급 정보는 없다고 봐야 한다. 결국 누가 먼저 시작하는가의 차이다. 최고의 강의를 만드는 것보다 단 하나뿐인 강의를 만드는 것이 중요하다. 당신의 개성이 담긴 강의를 해야 한다.

강의, 컨설팅을 모집할 수 있는 플랫폼은 크몽, 탈잉, 클래스101, 프립, 온오프믹스, 블로그, 카페, 스마트스토어, 개인 홈페이지가 있다. 온오프믹스는 온라인, 오프라인 모임 플랫폼으로 독서, 타로 등의 취미형 클래스가 많다.

수업을 여러 군데 등록해도 된다. 예를 들어, 온오프믹스에 강의 모집 글을 올렸다면 타 재능 마켓, 블로그, 카페에 똑같이 모집 글을 올리는 것이다. 각 플랫폼마다 트래픽이 다르기 때문에 수강생을 모으는 데 도움이 된다.

수업은 온라인의 경우 화상회의 ZOOM을 이용하면 된다. 오프라인은 스터디카페, 프랜차이즈 카페, 개인 카페를 이용하면 된다. 스터디카페는 조용한 분위기에서 강의할 수 있는 장점이 있지만 비용이 약간 비싼 단점이 있다. 프랜차이즈 카페는 좌석이 많은 장점이 있지만, 약간 시끄러울 수 있는 것이 단점이다. 개인 카페는 조용한 분위기에서 강의할 수 있는 장점이 있지만 오래 앉아있기는 눈치 보일 수 있는 단점이 있다.

개인 사무실이 있다면 강의하는데 최적의 장소다. 강의 장소를 따로 구하지 않아도 되기 때문에 강의 준비하는데 시간을 아낄 수 있다. 무엇보다 원하는 시간에 자유롭게 강의할 수 있는 것이 장점이다.

중요한 것은 강의, 컨설팅을 하면서 후기까지 이어지도록 하는 것이다. 강의할 때 강의하는 장면을 남겨야 한다. 강의가 끝난 후에는 수강생들에게 후기를 부탁해야 한다. 블로그 후기가 가장 좋지만 여의치 않다면 카카오톡, 문자로 받는 것도 괜찮다. 중요한 것은 수강생의 후기를 받아서 셀프 후기를 블로그에 쓰는 것이다. 셀프 후기를 보고 기업, 학교 담당자가 강의 요청을 하기도 한다.

강의, 컨설팅은 시간을 투자해서 돈을 버는 방법이다. 퍼스널 브랜딩에 도움은 되지만 지속적으로 나의 시간을 투자해야 하는 단점이 있다. 이를 보완하기 위한 방법이 있다. 영상강의를 판매하는 것이다. 영상강의는 강의 제작할 때만 시간을 투자하고 이후에는 시간을 투자하지 않고 돈을 버는 방법이다.

영상강의는 유튜브의 개념이라고 생각하면 되는데 유튜브와 다른 점은 돈을 받고 판매하는 것이다. 물론 유튜브도 구독자가 어느 정도 모이면 멤버십 기능을 이용해서 돈을 벌 수 있지만 영상강의 판매는 약간 다른 개념이다.

영상강의는 사람들에게 돈을 받고 판매하기 때문에 유튜브 영상과 비교하여 퀄리티가 월등히 높아야 한다. 유튜브 영상에서 쉽게 찾아볼 수 없는 차별화 요소가 있어야 판매가 된다.

영상강의는 PPT를 만들고 화면녹화로 촬영하는 방법이 있고, PPT 없이 얼굴을 보여주고 촬영하는 방법이 있다. 얼굴을 보여주고 촬영하더라도 PPT를 보면서 촬영해야 하기에 PPT를 완벽하게 만드는 것이 중요하다.

화면녹화 프로그램은 obs studio, 반디캠이 있다. obs studio는 무료, 반디캠은 유료다. 화면녹화를 할 때 그림판, 메모장, 한글파일, 워드, PPT를 활용하면 된다. PPT를 만들어 화면녹화 하는 것이 가장 좋다.

활용도가 높기 때문이다. PPT를 만들어 놓으면 추후 강의할 때 활용할 수 있고 전자책, 종이책을 집필할 때 참고해도 된다. 시간을 줄이고 효율성을 높이기 위해서는 별개가 아니라 같이 보는 것이 중요하다. 자동화 수익을 만드는 데 있어 영상강의는 좋은 수익화 방법이다.

[영상강의 전달하는 방법]

01 유튜브 비공개 링크를 전달하기
02 비메오와 같이 비밀번호 입력한 사람에게 영상 시청하게 하기
03 네이버 카페 등급을 충족한 사람에게 영상 시청하게 하기

04 스터디

블로그로 재밌게 돈을 버는 방법으로 스터디가 있다. 스터디는 온라인 동호회라고 생각하면 되는데 블로그 주제, 콘텐츠에 해당하는 것을 스터디로 진행 가능하다. 다른 말로는 프로젝트라고도 한다.

블로그 주제가 자기계발, 어학, 교육, 경제, 비즈니스 분야라면 스터디를 이용해서 돈을 벌기 유리하다. 대표적으로 독서 모임이 있다. 독서 모임은 같이 모여 독서하는 것이므로 스터디에 해당된다. 블로그에서 가장 흔한 것은 독서 모임이지만 블로그 주제, 콘텐츠에 따라 다양한 스터디가 가능하다.

블로그에 주식과 관련된 글을 쓰고 있다면 주식 스터디를 진행할 수 있다. 블로그에 영어 회화와 관련된 글을 쓰고 있다면 영어 회화 스터디를 진행할 수 있다. 블로그에 운동과 관련된 글을 쓰고 있다면 운동 스터디를 진행할 수 있다.

블로그 스터디는 리더가 모임을 이끄는 대신 참가자는 돈을 지불하는 방식으로 참가비가 스터디의 수익 모델이다. 사람들에게 참가비를 받고 모임을 이끌어주는 것이다.

예를 들어, 독서 모임을 4주간 진행하고 10명을 모집한다고 가정해보자. 비용은 한 사람당 4만 원을 받는다고 가정하면 10명이 모집되었을 때 4만 원×10명=40만 원이다. 블로그 스터디를 진행해서 40만 원의 부수입을 얻을 수 있다.

블로그 스터디의 비용은 일반적으로 4주를 기준으로 한 사람당 5만 원이다. 하지만, 이는 보편적인 기준이지 꼭 적용되어야 하는 기준은 아니다. 스터디의 종류, 진행경력에 따라 기간과 금액은 언제든지 달라질 수 있다. 자기계발 스터디보다 어학, 교육, 경제, 비즈니스 분야의 스터디가 비용이 조금 더 비싼 편이다. 예를 들어, 주식 스터디, 유튜브 스터디는 독서, 미라클 모닝 스터디보다 비용이 비싸게 책정된다.

블로그 스터디의 경우 미션성공 혜택이 있는 경우가 많다. 미션에 성공했을 때 주어지는 혜택이다. 일정금액을 환급하거나 커피 기프티콘을 제공하기도 한다. 단, 미션성공 혜택은 필수가 아니다. 동기부여를 위한 보증금이라고 생각하면 된다. 미션성공 혜택은 자기계발 스터디에서 동기부여를 목적으로 많이 사용하는 편이다.

블로그 스터디는 블로그를 통해 모집하면 되고 처음에는 무료로 진행하는 것이 좋다. 무료로 진행해서 후기를 쌓으면 추후 사람들을 모객하는 것이 훨씬 수월하다. 처음에는 돈을 벌겠다는 생각보다 이웃들과 친해진다는 생각을 가지는 것이 좋다. 그래서 평소 블로그 이웃들과 소통하는 것이 중요하다. '팔은 안으로 굽는다.'는 말이 있듯이 블로그 이웃들과 틈날 때마다 소통하면 이웃들이 블로그 스터디에 참여할 확률이 높다. 물론 관심사가 일치해야 하므로 관심사가 맞는 이웃들과 소통하는 것이 좋다.

블로그 스터디를 진행하기 전에 다른 사람들이 진행하는 스터디를 1회 정도는 참여해보는 것이 좋다. 왜냐하면 처음에는 어떤 식으로 진행해야 할지 감이 안 잡히기 때문이다. 다른 사람들이 진행하는 스터디에 참여해서 벤치마킹을 하고 스터디를 기획하면 시행착오를 줄일 수 있다. 블로그 스터디로 월세 수입을 얻는 것은 크게 어렵지 않다.

블로그 스터디를 모집하는 방법에 대해 간략히 정리하면 다음과 같다.

❶ 블로그 스터디의 주제를 정한다.

부동산 책을 읽는 독서 모임이라고 가정해보자.

❷ 스터디 제목, 스터디 대상을 정한다.

스터디 대상을 40, 50대라고 가정하면 스터디 제목을 다음과 같이 정할 수 있다.

'중년층을 위한 부동산 책 읽는 독서 모임'

❸ 스터디에 대한 상세 설명과 어떤 식으로 스터디를 이끌어갈지 적는다.

독서 모임에서 읽을 부동산 책, 독서 모임에서 얻을 수 있는 것은 무엇인지 적는다. 특히 독서 모임은 책 선정이 중요하다. 어렵지 않으면서 수요가 있는 책을 읽는 것이 좋다.

스터디는 일반적으로 카카오톡 오픈채팅방을 통해 진행하므로 카카오톡 오픈채팅방을 통해 스터디를 진행한다고 언급한다. 카카오톡 오픈채팅방을 블로그에 공개하되 코드 번호는 반드시 신청하는 사람에게만 알려 줘야 한다.

❹ 참여 방법, 비용을 안내한다.

참여 방법을 안내할 때 중요한 것은 스크랩이다. 스크랩을 필수 조건으로 하거나 할인 혜택을 주는 것이 좋다. 스크랩이 많이 될수록 참여하는 사람들이 많아진다. 비용은 무료라면 '무료'라고 적고 유료라면 금액을 적는다. 스크랩 할인 혜택을 제공한다면 취소선을 긋고 금액을 제시해야 한다.

예 금액 : 5만 원 → 4만 원(스크랩하면 1만 원 할인)

❺ 비밀 댓글 혹은 네이버폼으로 신청을 받는다.

신청을 받을 때 '성함, 연락처 혹은 이메일 주소, 스크랩 URL 주소, 스터디 참여 이유'를 적도록 하는 것이 가장 좋다. 스터디에 참여하는 사람이 연락 두절 될 수 있기에 연락처 혹은 이메일 주소는 받는 것이 좋다.

05 협업, 제휴

블로그로 돈을 버는 마지막 방법은 협업, 제휴이다. 협업, 제휴는 다른 사람들과 함께하는 것으로 혼자 했을 때보다 더 많은 시너지효과를 낼 수 있는 장점이 있다.

블로그로 협업, 제휴를 하는 방법은 간단하다. 블로그 주제에 맞는 글을 자주 쓰고 구색을 갖춰나가면 된다. 블로그 이웃들과 진심이 담긴 소통을 하는 것이 필요하다. 진심이 담긴 소통이란 '잘 보고 갑니다.', '날씨가 좋네요.', 이모티콘만 있는 댓글을 남기는 것이 아니라 최소한 글을 빠르게 읽고 댓글을 남기는 것이다. 블로그 이웃들과 진심이 담긴 소통을 하게 되면 온, 오프라인에서 만날 수 있고 인맥이 될 수 있다. 인맥은 협업을 위한 발판이 된다.

강의, 북 토크, 독서 모임에 참여하는 것도 좋은 방법이다. 잘 찾아보면 무료 모임이 많기 때문에 비용을 안 들이고 자기계발을 하면서 인맥을 만드는 것이 가능하다. 인맥을 돈독히 다지기 위해서는 오프라인으로 최소 한 번은 만나는 것이 좋다. 오프라인에서 한 번 만나는 것과 온라인상에서만 아는 것은 생각보다 큰 차이가 있다. 온라인에서만 만나는 관계보다 오프라인에서 만나는 관계가 더욱더 오래 이어진다. 인맥을 만들면 협업에 유리하다.

구체적으로 협업과 제휴는 어떻게 할 수 있을까?

협업과 제휴를 하는 방법을 알아보자.

첫째, 네이버 카페를 가입해서 활동하는 것이다.

관심사에 맞는 네이버 카페에 가입하는 것이 좋다. 주식이 관심사라면 주식 카페에 가입하는 것이다. 카페에 가입해서 열심히 활동하면 등급이 올라가고 협업을 할 수 있는 기회가 생긴다.

네이버 카페를 통한 협업은 칼럼니스트, 강의, 컨설팅, 세미나, 책 출간 등 다양하다. 이는 수익으로 연결될 수 있다.

둘째, 체험단을 하는 것이다.

체험단에 대해 간단히 설명하면 서비스를 무료로 이용하는 대신 블로그에 리뷰를 작성하는 것이다. 서비스는 음식, 체험, 제품 등 다양하다.

체험단의 종류는 많다. 음식, 책, 화장품, 전자제품, 생활용품, 타로 등의 체험단을 신청할 수 있다. 체험단을 하고 싶다면 레뷰, 서울오빠, 리뷰플레이스, 디너의여왕 등의 체험단 사이트에 들어가도 되지만 체험단 주제에 맞는 포스팅을 자주 하면 이메일, 쪽지로 체험단 문의가 오는 경우가 많다.

체험단 문의가 오는 경우 신청하면 당첨될 확률이 높기 때문에 하고 싶은 체험단이 있다면 관련 주제로 포스팅을 많이 해야 한다. 예를 들어, 음식 체험단을 하고 싶다면 음식점에서 음식 먹은 리뷰 글이 많아야 한다. 하고 싶은 체험단과 관련된 글이 많을수록 선정될 확률이 높다.

체험단을 처음 한다면 제품을 받는 체험단보다 지역 체험단을 하는 것이 좋다. 지역 체험단은 살고 있는 지역 주변에서 하는 체험단으로 지방의 경우 신청자가 비교적 적기 때문에 당첨될 확률이 높다.

지역 체험단을 시작으로 하나씩 확장하는 것이 좋다. 체험단을 지속하려면 방문자 수도 늘리는 것이 좋다. 방문자 수가 많으면 체험단 선정에 유리하다. 체험단은 서비스를 무료로 이용하는 대신 리뷰를 쓰기 때문에 제휴의 개념에 가깝다.

셋째, 오프라인 모임에 참여하는 것이다.

　온라인 모임으로 협업, 제휴를 할 수 있지만, 오프라인 모임이 가진 힘은 더욱 크다. 사람들과 직접 만난다는 것은 실행이 더 빨라질 수 있음을 의미한다. 오프라인 모임을 통해 사람들을 만나고 이야기하다 보면 서로 부족한 부분을 채워줄 수 있는 경우가 많다.

　자기소개, 꿈을 이야기하면서 서로 친해질 수 있고 협업을 하면 시너지효과를 낼 수 있다. 혼자서는 하기 힘들었던 것을 사람을 만나면 쉽게 해결되고는 한다. 오프라인 모임에 참여하면 협업할 수 있는 기회가 생긴다. 오프라인 모임은 온오프믹스와 같은 사이트를 이용하거나 블로그를 통해 만나면 된다.

넷 째, 이메일 제안을 하는 것이다.

　협업, 제휴하고자 하는 대상이 있으면 이메일 제안을 할 수 있다. 물론 퍼스널 브랜딩에 따라 협업과 제휴가 잘 될 수도 있고 안 될 수도 있다. 거절을 많이 당할 수 있다. 하지만, 이메일 제안을 통해 협업과 제휴를 하려면 어느 누구보다 용기가 필요하다. 특히 유명인의 유튜브 채널에 출연하고 싶다면 용기를 가지고 이메일 제안을 하는 것이 필요하다.

　이메일 제안을 할 때 거절당하는 것이 두려운 사람들에게 추천하는 방법이 있다. 거절당할 때마다 스스로에게 보상을 주면 된다. 언뜻 보면 말이 안 된다고 생각할 수 있다. 하지만, 효과는 생각보다 좋다. 거절을 당하면 커피 한 잔을 마시자. 커피를 마시며 스스로를 다독여주자. 시도했다는 것 자체가 용감한 것이다. 이 방법을 적용하면 거절당하더라도 크게 개의치 않을 것이다.

협업, 제휴는 최대한 많은 시너지 효과를 낼 수 있어야한다. 앞서 말한 4가지 방법 중에서 하고 싶은 것부터 시도하면 좋다. 협업과 제휴는 목적지에 조금 더 빨리 도달하도록 돕는다. 대신 가고자하는 방향성과 일치하는지 꼭 확인해야한다.

POINT 블로그로 돈을 버는 원칙 3가지

앞서 블로그로 돈을 버는 5가지 방법을 소개했다. 5가지 방법 중에 애드포스트를 제외하면 블로그로 돈을 버는 간접적인 방법이다. 블로그로 돈을 벌기 위해서는 직접적인 방법, 간접적인 방법 모두 살펴보는 것이 좋다. 이제부터 블로그로 돈을 버는 원칙 3가지에 대해 자세히 알아보자.

첫째, 가장 쉽게 할 수 있는 것부터 시작한다.

블로그로 돈을 벌기 위해서는 가장 쉽게 할 수 있는 것부터 시작해야 한다. 가장 쉽게 할 수 있다는 것은 시간, 에너지를 덜 소비하고 목적지에 빨리 도달할 수 있음을 말한다. 중요한 것은 블로그 포스팅을 꾸준히 해야 한다는 것이다. 블로그 포스팅을 꾸준히 해야 애드포스트 수익을 늘릴 수 있고 블로그로 홍보할 때 도움이 된다.

앞서 소개한 블로그로 돈을 버는 방법은 모두 유기적으로 연결된다. 가장 쉽게 할 수 있는 것을 선택해서 일정 이상의 소득을 올리는 것이 첫 번째 목표가 되어야 한다. 일정 이상의 소득은 사람마다 다르기에 기준치를 정하면 된다.

둘째, 파이프라인을 자연스럽게 연결한다.

한 가지 수입원을 만들었으면 파이프라인을 연결해야 한다. 파이프라인을 자연스럽게 연결할 수 있는 방법은 무엇일까? 간단하다. 한 가지에 집중하면 된다. 에너지를 분산시키는 것이 아닌 한 가지에 집중해야 파이프라인을 자연스럽게 연결할 수 있다.

독서 모임을 진행하고 있다면 사람들에게 받는 참가비가 수익 모델일 것이다. 여기서 중요한 것은 독서 모임을 활성화시켜야 한다는 것이다. 독서 모임으로 벌어들이는 수익이 어느 정도 되면 자연스럽게 기회는 찾아온다.

강의, 책 출간, 협업, 제휴 등의 문의가 온다. 그중에서 원하는 것을 선택해서 파이프라인 시스템을 구축하면 된다. 파이프라인 시스템을 구축할 때는 1개를 제대로 하는 것이 중요하다. 시간이 걸리더라도 완성도를 높여야 한다.

넷째, 틈새시장을 찾는다.

이쯤 되면 "경쟁자가 많은데 어떻게 제가 할 수 있죠?", "레드오션 아닌가요?"라는 질문을 할 것이다. 그래서 우리는 틈새시장을 찾아야 한다. 틈새시장을 찾는 가장 좋은 방법은 '쪼개기'이다. 고객의 범위를 큰 범주로 보지 말고 작은 범주로 봐야 한다. 예를 들어, '마른 남자가 살찌는 방법'이라는 주제로 전자책을 쓰고자 한다면 '20대 마른 남자가 빠르게 살찌는 방법'이라고 제목을 바꾸는 것이다. 고객의 범위를 좁히면 상품을 만드는데 시간을 단축시킬 수 있고 전문가로 인정받기 유리하다.

지금과 같은 경쟁사회에서는 남들이 가지 않는 길에 답이 있다. 블로그로 돈을 버는 것은 분명 쉬운 일은 아니다. 하지만, 앞서 말한 3가지 원칙을 기억한다면 블로그로 돈을 버는데 확실히 도움이 될 것이다.

POINT 블로그 수익화에 도움 되는 마케팅 방법 6가지

1 비밀 댓글 마케팅

블로그에서 강의를 모집하거나 전자책(pdf)을 판매할 때 비밀 댓글로 구매를 유도하는 경우가 많다. 구매를 촉진시키는 심리학 마케팅에 해당된다. 비밀 댓글이 많을수록 많은 사람들이 상품을 구매했다는 증거가 된다. 그래서 해당 상품이 유명한 것으로 알고 구매하게 된다.

특히 강의와 같이 신청 마감기한이 있는 글은 "지금 아니면 신청할 수 없

▲ 비밀 댓글이 많을수록 호기심, 긴박감을 유도한다.

다."는 긴박감을 주어 구매를 유도한다. 이는 마트에서 "지금만 세일합니다." 마케팅과 비슷하다.

비밀 댓글 마케팅은 어떻게 활용하는가 나름이다. 무료 상품을 제공할 때도 스크랩을 유도하고 비밀 댓글로 신청하게 하는 방법이 있다. 비밀 댓글은 100개가 넘어갈수록 위력을 발휘하기 때문에 인내심을 가지고 댓글이 많이 달리기를 기다려야 한다.

비밀 댓글 마케팅은 강의, 스터디, 전자책, 상품 판매할 때 많이 쓰이는 방법으로 사람들의 호기심을 유발하고 긴박감을 유도해 구매를 이끄는 방법이다. 스크랩을 유도할 수 있다면 더 많은 사람들에게 알리게 되어 댓글이 많이 달리는 데 도움을 얻을 수 있다.

2 공지사항 마케팅

블로그에서 공지는 아주 중요한 역할을 한다. 블로그를 방문하는 사람들에게 가장 먼저 보이는 부분으로 누구나 블로그에 방문하면 한 번쯤은 읽어보게 하는 힘을 가지고 있다.

블로그에 공지는 최대 5개까지 등록 가능하며 5개의 공지를 모두 등록하

태그 편집	#태그 입력 (최대 30개)
발행 시간	● 현재 ○ 예약
☑ 공지사항으로 등록	✓ 발행

▲ '공지사항으로 등록'을 클릭한 후 공지 등록하기

는 것이 좋다. 공지는 상품을 홍보하거나 자기소개, 셀프브랜딩 할 때 주로 사용한다.

비밀 댓글 마케팅을 적용시켜 공지사항에 등록되는 글에 비밀 댓글을 많이 유도하면 좋다. 공지사항에 등록하는 글은 상품을 판매하는 글이 많기 때문이다. 글 발행 시 '공지사항으로 등록'을 클릭하면 공지를 등록할 수 있다.

3 무료 마케팅

무료 마케팅은 대다수가 많이 알고 있는 방법이다. 무료 상품을 먼저 제공해서 고객들에게 가치를 제공한다. 그리고 가치가 마음에 들면 고객들은 유료 상품을 구매한다. 예를 들면, 백화점 직원이 화장품을 판매할 때 샘플을 주는 것도 무료 마케팅 방법이다. 샘플에 만족한 고객은 화장품을 구매한다.

무료 상품을 제공할 때 스크랩은 반드시 유도해야 하고 여력이 된다면 후기도 받는 것이 좋다. 후기는 블로그, 문자, 카카오톡으로 남겨달라고 요청한다. 문자, 카카오톡은 사람들이 비교적 부담이 덜 되기 때문에 후기를 남겨줄 가능성이 높다.

무료 마케팅에서 중요한 것은 무료로 제공하는 상품이 퀄리티가 좋아야 한다는 것이다. 무료에서 만족하지 않으면 유료 상품을 구매하지 않기 때문이다. 특히, 무료 자료(pdf)를 제공하는 경우 더욱 퀄리티에 신경을 써야 한다. 무형의 제품일수록 사람들의 신뢰를 얻기 쉽지 않다.

무료 마케팅으로 고객들의 이메일 주소를 수집할 수 있고 유료 상품 안내 메일을 보낼 수 있다. 고가의 상담, 코칭 상품을 제시하고 돈을 버는 것이 가능하다.

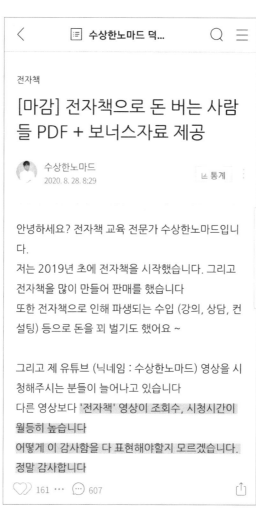

전자책

[마감] 전자책으로 돈 버는 사람들 PDF + 보너스자료 제공

수상한노마드
2020. 8. 28. 8:29

안녕하세요? 전자책 교육 전문가 수상한노마드입니다.
저는 2019년 초에 전자책을 시작했습니다. 그리고 전자책을 많이 만들어 판매를 했습니다
또한 전자책으로 인해 파생되는 수입 (강의, 상담, 컨설팅) 등으로 돈을 꾀 벌기도 했어요 ~

그리고 제 유튜브 (닉네임 : 수상한노마드) 영상을 시청해주시는 분들이 늘어나고 있습니다
다른 영상보다 '전자책' 영상이 조회수, 시청시간이 월등히 높습니다
어떻게 이 감사함을 다 표현해야할지 모르겠습니다. 정말 감사합니다

♡ 161 ··· 💬 607

▲ 무료 마케팅 예시

4 키워드 마케팅

키워드 마케팅은 글을 상위노출 시켜 홍보하는 방법이다. 상위노출을 위한 키워드 찾는 방법은 크게 3가지가 있다.

첫째, 쓰고자 하는 주제의 키워드를 네이버, 유튜브에 검색하고 블로그 글, 유튜브 영상의 제목에 있는 키워드를 추출하는 방법이다. 특히 상위노출 되어 있는 글, 영상의 키워드를 확인하면 좋다. 다른 사람들의 콘텐츠에서

황금 키워드를 빠르게 찾을 수 있다.

둘째, 자동완성 서비스에 뜨는 키워드를 활용하는 방법이다. 앞서 소재를 찾는 방법으로 자동완성 서비스를 언급했는데 키워드를 찾을 때도 동일하게 적용된다. 사람들이 많이 검색하는 키워드를 알 수 있기 때문에 역시 황금 키워드라고 할 수 있다.

셋째, 소재를 찾고 상호보완 되는 키워드를 찾는 방법이다. 상호 보완되는 키워드는 1~2개 정도 찾으면 좋다. 예를 들어, '블로그를 처음 한다면 간단한 사진, 디자인 편집부터 배우세요.'라는 제목을 지었다. 처음에는 '블로그를 처음 한다면 간단한 사진 편집부터 배우세요.'라는 제목을 생각했다. 이후에 '사진'이라는 키워드와 상호 보완되는 키워드가 '디자인'이라는 것을 알았고 제목에 포함시켰다. 상호 보완되는 키워드는 네이버, 유튜브에 검색하면 쉽게 찾을 수 있다. 상위노출을 위해서는 제목도 중요하고 내용 역시 중요하다. 제목과 내용이 일치되는 선에서 꾸준히 관련 주제의 글을 발행한다면 해당 주제로 상위노출 시킬 수 있다.

블로그 운영

블로그를 처음한다면 간단한 사진, 디자인 편집부터 배우세요. <마지막 이야기>

 수상한노마드
2021. 5. 25. 8:34

+ 이웃추가

▲ 제목 작성 시 상호보완 되는 키워드 찾아서 적기

5 후기 마케팅

블로그에서 강의, 스터디를 모집할 때 후기가 절대적으로 필요하다. 후기는 크게 셀프 후기와 타인의 후기로 나뉜다. 셀프 후기는 스스로 후기를 적는 것이고 타인의 후기는 타인이 블로그에 후기를 남기는 것이다.

물론 타인의 후기가 더 위력이 크기는 하지만 셀프 후기도 반드시 적는 것이 좋다. 셀프 후기를 적어야 인지도를 쌓을 수 있고 외부기관에서 강의 요청이 올 수 있다. 오프라인에서 강의를 진행했다면 지역명, 기관명, 강의명을 제목에 적어야 한다. 네이버에 상위노출이 되면 강의 의뢰를 더 많이 받을 수 있다.

온라인에서 강의를 진행할 때 후기를 받으려면 어떻게 해야 할까? 녹화본 영상, 일대일 코칭을 제공해서 후기를 받는 방법이 있다. '후기를 써주시면 강의 녹화본 영상, 일대일 코칭을 제공합니다.'라고 명시하는 것이다. 일대일 코칭을 제공하는 것이 시간 낭비라고 생각할 수 있지만 코칭 역시 후기를 받으면 되기 때문에 결과적으로 브랜딩에 도움이 된다.

온라인 ZOOM 화상회의로 수업할 때 녹화(기록) 버튼을 누르면 영상이 저장된다. 로컬로 기록하면 강의 영상을 바탕화면에 저장할 수 있다. 저장된 영상을 유튜브에 업로드한다. 공개 설정은 비공개 혹은 일부 공개로 하면 된다. 일부 공개는 링크만 있으면 강의를 수강하지 않은 사람들도 볼 수 있기 때문에 비공개로 해서 영상을 전달하는 것이 보안상 안전하다.

셀프후기 22개의 글		목록닫기
글 제목	조회수	작성일
단희TV 인클 스튜디오에서 온라인 강의 촬영하고 왔어요. (feat. 세상에서 가장 쉬운 블로그 글... (19)	163	2021. 7. 15.
'세상에서 가장 쉬운 블로그 글쓰기' 미니특강 2회차 셀프후기 (6 / 11) (2)	44	2021. 6. 14.
'세상에서 가장 쉬운 블로그 글쓰기' 미니특강 1회차 셀프후기	74	2021. 6. 2.
부산 강서여성새일센터 블로그 기초 특강 셀프후기 (2021.5.21) (2)	136	2021. 5. 24.

▲ 강의 진행 후 블로그에 적은 셀프 후기

수강생으로부터 후기를 받는 것은 결코 쉽지 않다. 추가 서비스를 제공하지 않으면 후기를 받을 가능성이 비교적 적다. 후기를 받으면 즉시 컴퓨터의 폴더에 옮기는 것이 좋다. 후기가 부족하다면 처음에는 무료 강의를 진행하고 후기를 쌓도록 노력해야 한다. 후기가 많이 쌓일수록 마케팅의 위력은 커진다.

6 트래픽 마케팅

마지막으로 트래픽 마케팅에 대해 알아보자. 트래픽 마케팅은 트래픽을 활용한 마케팅이다. 메인 채널 외에 외부채널을 활용해서 유입을 이끄는 방법이다.

▲ 블로그 통계 '사이트 유입' 확인하기

블로그를 하고 있는데 유튜브 채널도 운영한다면 유튜브 영상을 시청한 사람을 블로그로 유입시킬 수 있다. 유튜브의 고정댓글, 설명 란에 블로그 주소링크를 남기는 것이다. 반대로 블로그에 외부채널링크를 등록하면 블로그에서 외부채널로 유입을 만들 수도 있다.

블로그 통계에서 '사이트 유입'을 확인하면 사이트별로 블로그에 들어오는 유입현황을 단번에 알 수 있다. 외부 트래픽의 증가는 방문자 수의 증가로 이어진다. 서브 채널이 있다면 적극적으로 활용하는 것이 좋다.

여력이 된다면 블로그 주제와 관련된 카페에 가입해서 활동하는 것이 좋다. 카페에서 활동하는 사람들을 블로그로 유입시킬 수 있기 때문이다. 카페 활동을 속 보이게 하는 것보다 진심으로 해야 사람들을 많이 유입시킬 수 있다.

최근에는 카카오톡 오픈채팅방을 활용해 트래픽 마케팅을 하는 사람들이 늘고 있다. 카카오톡 오픈채팅방으로 잠재고객을 유입시키고 공지에 무료,

▲ 블로그 모바일에서 외부채널 링크 연결하기

유료 상품을 소개하는 것이다. 운영하는 메인 채널, 서브 채널 주소를 넣으면 트래픽 마케팅이 완성된다.

트래픽 마케팅이 원활하게 되기 위해서는 세팅이 중요하다. PC에서는 위젯을 넣는 것이 좋고 모바일에서는 외부채널링크를 등록하는 것이 좋다.

블로그 외의 채널을 활용해서 트래픽을 이끌어보자. 블로그 방문자 수를 늘리는 데 도움이 된다. 상품을 판매하고 잠재고객을 모으는 데도 효과적이다. 단, 너무 많은 채널을 이용하는 것은 추천하지 않는다. 서브 채널은 최대 1개까지가 적당하다. 블로그와 상호보완 되는 플랫폼을 선택하는 것이 좋다. 부록편에서 더 자세히 알아보자.

| 블로그 서포터즈로 돈 버는 방법

기자처럼 취재하며 돈을 벌 수 있는 방법이 있다. 블로그 서포터즈라고 하는데 블로그를 운영한다면 누구나 도전할 수 있다.

블로그 서포터즈로 돈을 버는 원리는 간단하다. 시청, 구청에서 블로그 서포터즈를 모집하면 재빨리 지원하고 합격하면 블로그에 글을 쓰고 돈을 받으면 된다. 여기서 받는 돈을 '원고료' 혹은 '취재활동비'라고 한다. 제출 서류를 다운로드 받아 작성한 후 이메일 접수하는 것이 일반적이다.

경험이 있는 부산 서구 블로그 서포터즈에 대해서 자세히 언급하려고 한다. 매달 구정홍보, 생활편의, 관광, 문화예술, 맛집 후기 중에서 2개 주제를 선택해서 글을 적으면 되는데 자유주제와 지정주제가 나눠져 있다. 자유주제는 5개의 주제 중에서 아무거나 적으면 되고 지정주제는 매달 정해주는 주제에 대해서만 글을 적어야 한다. 매달 포스팅 2개를 하면 통장으로 돈이 입금된다. 블로그 서포터즈는 생각보다 어렵지 않다. 글을 쓰는데 특별한 양식이 있는 것이 아니므로 자유롭게 적으면 된다.

블로그 서포터즈에 합격하기 위해서는 리뷰 글이 많아야 한다. 또한 블로그 방문자 수가 많으면 가산점 혜택을 받는다. 블로그 서포터즈를 신청하기 위해서는 네이버에 '자신이 현재 거주하는 지역 + 블로그 서포터즈(기자단)'라고 검색하면 된다. 예를 들어, 부산 서구에 살고 있다면 '부산 서구 블로그 기자단', 혹은 '부산 서구 블로그 서포터즈'라고 검색하자.

시청, 구청 홈페이지 및 블로그에 들어가서 모집 글을 확인하면 되는데 지역마다 모집 시기는 다르다. 어떤 지역은 연말에 모집하기도 하고 또 다른 어떤 지역은 연초에 모집하기도 한다. 그래서 자신이 거주하는 지역의 시청, 구청 블로그는 이웃 신청 후 알림 설정을 하는 것이 좋다. 시청, 구청에서 진행하는 블로그 서포터즈 외에 다양한 종류의 서포터즈도 많다. 주로 각 기관의 블로그에서 정보를 찾을 수 있다.

평소 가고 싶었던 관광지, 맛집이 있다면 일석이조다. 서포터즈로 취재 활동을 하면 원고료가 지급되기 때문에 지출을 방어하는 효과가 있다. 사는 지역의 숨어있는 관광 장소, 맛집을 알게 되는 좋은 계기가 되기도 한다.

세상에서 가장 쉬운 네이버 블로그 글쓰기

NAVER blog.ZIP

APPENDIX

부록

01 _블로그와 같이 운영하면 좋은 플랫폼

02 _블로그 방향성 정하기

03 _체험단 리뷰 작성하기 실전연습

01 블로그와 같이 운영하면 좋은 플랫폼

블로그에 올인할 것인지 서브 플랫폼을 따로 운영할 것인지는 선택의 문제다. 블로그로 퍼스널 브랜딩을 하고 싶다면 서브 플랫폼을 운영하는 것이 좋다. 그 이유는 서브 플랫폼을 전략적으로 운영하면 원하는 목표에 더 빨리 다가갈 수 있기 때문이다.

블로그만 해서 퍼스널 브랜딩을 하는 것은 시간이 조금 오래 걸린다. 일 방문자 수가 많아야 하는 것도 부담된다. 포스팅을 많이 해야 하고 이웃과 소통을 해서 친밀감을 쌓는 것도 중요하다. 서브 플랫폼 없이 블로그로 퍼스널 브랜딩을 하고 싶다면 인플루언서를 목표로 블로그를 운영하는 것이 좋다.

이는 블로그의 특성과 관련이 있다. 블로그는 유튜브와 달리 구독 시스템이 아니다. 이웃 새 글 알림이 있기는 하지만 구독자를 응집시키는 힘이 다소 약하다. 블로그는 소통에 중점을 둔 플랫폼이고 일 방문자 수가 퍼스널 브랜딩의 지표가 된다. 많은 사람들이 가장 관심 가지는 것이 일 방문자 수이기 때문이다.

스스로를 알리고 사람들을 모으고 싶다면 서브 채널을 운영해보자. 시너지효과를 만들 수 있다. 서브 플랫폼은 최대 1개가 적당하다. 여러 플랫폼을 운영하면 마케팅이 잘 되고 좋을 것 같지만 실상은 에너지가 분산되어 어느 하나도 제대로 하지 못한다. 서브 플랫폼은 1개를 선택해서 시간이 적게 들면서 효율을 극대화하는 방향으로 해야 한다.

서브 플랫폼을 운영하면 시간이 많이 걸린다고 생각할 수 있지만, 전략을 세우면 달라진다. 서브 플랫폼 운영에 도움 되는 2가지 방법을 소개하면 다음과 같다. 꼭 1가지 방법을 선택해야 할 필요는 없고 2가지 방법 모두 적용해도 된다.

첫째, 블로그 포스팅의 내용을 플랫폼의 성격에 맞게 각색한다.

블로그 포스팅 내용을 만들면 영상은 유튜브, 사진은 인스타그램에 업로드하면 된다. 이 방법은 시간이 비교적 적게 들고 1개의 콘텐츠를 여러 플랫폼에 올려 조회 수, 구독자 수를 늘리기에 좋다.

둘째, 블로그에 글을 쓰기 어려운 내용을 콘텐츠로 만든다.

예를 들어, 블로그에 경제 포스팅을 자주 하는데 세금과 관련해서 글을 쓰기 어렵다면 영상으로 찍어 유튜브에 올리는 것이다. 서브 플랫폼은 블로그와 상호보완이 되어 구독자를 늘릴 수 있고 시너지 효과를 만들 수 있다.

이제부터 블로그와 같이 운영하면 좋은 플랫폼에 대해 자세히 알아보자. 각 플랫폼의 특성을 잘 이해하고 서브 플랫폼을 선택해보자.

❶ 유튜브

유튜브는 꾸준히 지속하기 매우 어려운 플랫폼이다. 일반인에게 영상은 글쓰기보다 접근성이 어렵기 때문이다. 유튜브를 서브 채널로 선택한다면 꾸준히 지속하는 것에 중점을 두고 힘을 빼는 것이 좋다. 길이가 긴 영상을 업로드 하기 어렵다면 short 영상을 업로드 하는 것도 좋은 방법이다. 유튜브는 구독 시스템이기 때문에 잠재 고객을 모으고 마케팅하기에 효과적인 플랫폼이다.

❷ 카카오 브런치

블로그를 하는 많은 사람들이 카카오 브런치에 도전하고 있다. 카카오 브런치는 일정 길이 이상의 글을 적는다는 점에서 블로그와 성격이 비슷하다. 블로그 포스팅의 내용을 보완, 각색해서 글을 쓰는 것이 좋다. 책을 출간하는 작가가 되고 싶다면 카카오브런치를 서브 플랫폼으로 선택하자.

❸ 인스타그램

인스타그램은 접근성이 가장 쉬운 플랫폼이다. 주위를 둘러보면 생각보다 많은 사람들이 인스타그램을 하고 있다. 글을 길게 쓰거나 영상을 촬영하지 않아도 사진 몇 장, 짧은 글을 적으면 1개의 피드가 완성된다. 인스타그램을 서브 플랫폼으로 선택한다면 시각화하기 좋은 것을 올리는 것이 좋다. 다른 사람에게 보이는 이미지가 중요하기 때문이다. 특히 리뷰 블로거에게 인스타그램을 추천한다. 리뷰 포스팅한 것을 인스타그램에 각색해서 올리면 체험단, 서포터즈, 기자단 제안을 받는 데 유리하다.

❹ 네이버 카페

사람들을 모집해서 상품을 판매하거나 교육을 하고 싶다면 커뮤니티 성격을 지닌 네이버 카페를 서브 채널로 선택하는 것이 좋다. 무료 자료를 배포하거나 강의를 해서 네이버 카페로 유입시키는 것이 일반적이다. 네이버 카페가 활성화되면 광고, 협업, 제휴로 돈을 벌 수 있다.

02 블로그 방향성 정하기

블로그를 오랫동안 지속하고 싶다면 방향성을 정해야 한다. 예제를 보고 설문지 1~4번을 작성해보자. 블로그를 꾸준히 지속하는 데 도움이 될 것이다.

| 블로그 방향성 정하기(예제)

1. 네이버 블로그를 하고자 하는 이유는 무엇인가요?

평소에 글 쓰는 것을 좋아해서 네이버 블로그를 시작했다. 체험단, 서포터즈, 기자단 활동으로 삶의 재미를 찾고 부수입을 꾸준히 얻고 싶다.

2. 네이버 블로그를 통해 이루고자 하는 목표는 무엇인가요?

궁극적으로는 돈을 벌고 싶다. 맛집 체험단을 신청해서 식비를 아끼고 서포터즈 취재 활동, 기자단을 해서 부수입을 얻고 싶다. 리뷰 글을 꾸준히 적어서 애드포스트 수익을 늘리는 것도 목표로 하고 있다. 부수입으로 30만 원 버는 것을 1차 목표로 정했다.

3. 네이버 블로그로 이루고 싶은 꿈이 있다면 3가지 이상 적어보세요.

❶ 종이책 출간하기

블로그 포스팅을 꾸준히 하면서 종이책 출간도 준비하고자 한다. 평소에 서점에 가서 베스트셀러 책을 읽는 것을 좋아했는데 내가 직접 베스트셀러 책을 출간해야겠다는 생각이 들었다. 블로그 메인 주제로 종이책을 집필해서 출간하는 것이 꿈이다.

❷ 디지털노마드 되기

3년 뒤에는 시간적, 경제적 자유를 누리는 디지털노마드가 되는 것이 꿈이다. 블로그로 파이프라인 수익 시스템을 만들고 싶다. 가장 먼저 유튜브를 시작할 것이고 종이책 출간, 강의, 온라인 VOD를 준비할 것이다. 일하지 않고도 돈을 버는 수익 시스템을 만들고 싶다. 나중에는 전국 각지를 돌아다니며 즐겁게 체험단을 하고 싶다.

❸ 오프라인에서 블로그 이웃 만나기

나이가 들수록 소중한 인연을 만나고 싶다는 생각이 든다. 같은 지역에 사는 블로그 이웃과 직접 만나서 이야기를 하고 서로 응원해주는 관계를 형성하고 싶다. 서로에게 도움이 되는 방향으로 블로그 노하우를 공유하고 싶다.

4. 메인, 서브 주제와 포스팅 전략을 적어보세요.

- **메인 주제** : 경제(주식)
- **서브 주제** : 일상, 리뷰(맛집, 제품)
- **포스팅 전략** : 글을 쓰는 주기는 따로 정하지 않고 시간적인 여유가 있을 때 포스팅 한다. 더 많은 글을 쓰기 위해 글을 길게 적는 것보다 짧게 쓰는 것을 목표로 한다. 인플루언서가 되는 것을 목표로 하고 있기에 3개월간 1일 1포스팅을 한다.

| 블로그 방향성 정하기(설문)

1. 네이버 블로그를 하고자 하는 이유는 무엇인가요?

2. 네이버 블로그를 통해 이루고자 하는 목표는 무엇인가요?

3. 네이버 블로그로 이루고 싶은 꿈이 있다면 3가지 이상 적어보세요.

4. 메인, 서브 주제와 포스팅 전략을 적어보세요.

03 체험단 리뷰 작성하기 실전연습

체험단에 선정되었다고 생각하고 리뷰 포스팅을 연습해 보자. 체험단 리뷰 포스팅은 글쓰기 가이드라인만 숙지하면 크게 어렵지 않다.

하지만, 제목 키워드, 태그, 다수의 이미지, 동영상을 첨부해야 하는 경우가 많기에 평소보다 포스팅 시간이 2배 이상 걸린다. 그래서 체험단 리뷰 포스팅의 기본 틀을 만드는 것이 좋다. 아래 설명을 참고해서 체험단 리뷰 포스팅을 하면 시간을 줄이고 체험단 사장님이 좋아하는 글을 적을 수 있을 것이다.

1. 체험단 가이드라인 숙지하기

체험단 리뷰 포스팅을 하기 전에 선정된 체험단의 글쓰기 가이드라인을 숙지해야 한다. 보통 제목 키워드, 태그, 이미지 첨부 개수, 동영상 첨부 여부, 글의 길이를 정해주는 경우가 많다.

가이드라인에 맞지 않게 글을 쓰면 포스팅 수정을 요청할 수 있기에 포스팅을 완료한 후에도 가이드라인을 다시 확인해야 한다.

체험단 리뷰 포스팅을 하기 전에 대본을 써야 한다. 대본은 평소 포스팅할 때와 마찬가지로 핵심키워드를 중심으로 적으면 된다. 단, 체험단 가이드라인을 확인해서 필수 키워드가 있으면 대본에 적어야 한다.

이미지는 최소 10장 이상을 요구하는 경우가 많기에 컴퓨터 바탕화면에 미리 옮겨놓아야 하고 썸네일은 미리캔버스 무료 디자인 사이트를 이용해서 예쁘게 만드는 것이 좋다. 동영상 역시 간단한 편집을 한 뒤에 바탕화면에 미리 옮겨놓으면 리뷰 포스팅을 시작하면 된다.

❶ 글쓰기

글의 초반부는 체험단 방문한 장소를 간단하게 소개하는 것이 좋다. 제품 리뷰라면 제품에 대해 간단하게 언급하면 된다. 글을 비교적 짧게 적고 싶다면 가운데 정렬해서 글을 쓰는 것이 편하다. 대본을 보고 글을 적으면 되는데 체험단 방문한 장소의 느낌을 생동감 있게 전달하는 것이 좋다. 글의 중간에 스티커를 넣는 것도 좋은 방법이다.

글의 초반부 혹은 마지막에 장소를 추가하는 것이 좋다. 글을 읽는 사람들이 위치를 상세하게 모를 때 장소는 많은 도움이 된다. 스마트에디터에서 체험단 장소를 입력할 수 있다.

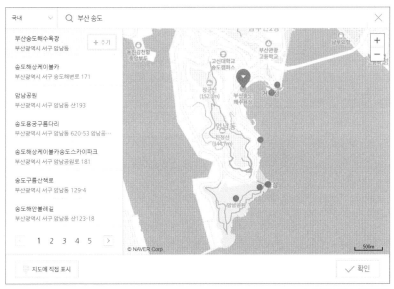

▲ 체험단 장소 추가하기

② 이미지 첨부하기

이미지는 개별로 첨부하는 것도 좋지만 비슷한 느낌의 이미지라면 콜라주, 슬라이드 형태로 첨부해도 좋다. 콜라주, 슬라이드 형태로 이미지를 첨부하기 위해서는 첨부하고자 하는 이미지를 2장 이상 드래그해서 옮기면 된다.

- **개별사진** : 이미지가 한 장씩 첨부된다.
- **콜 라 주** : 콜라주 형태로 첨부된다. 여러 장의 이미지를 첨부하는 것이 좋다.
- **슬라이드** : 옆으로 넘기는 슬라이드 형태로 첨부된다.

▲ 사진 첨부 방식(개별사진, 콜라주, 슬라이드)

③ 동영상 첨부하기

동영상은 체험단 가이드라인에 있으면 첨부해야 한다. 길이가 긴 영상보다 5분 이내의 짧은 영상을 첨부하는 것이 좋다. 제품 체험단의 경우 언박싱하는 과정을 보여주는 것이 좋고 방문 체험단은 체험단 방문한 곳의 현장을 보여주는 것이 좋다. 스마트에디터에서 동영상을 첨부할 수 있다.

- **대표 이미지** : 원하는 대표 이미지 1장을 선택한다.
- **제목** : 제목은 필수로 입력해야 한다. 글의 제목을 참고해서 적으면 된다.
- **정보** : 동영상에 대한 간략한 소개 글을 적는다.
- **태그 편집** : 최대 10개까지 태그를 입력한다.

❹ 공정거래 문구 넣기

포스팅의 하단에 공정거래 문구를 넣는다. 공정거래 문구는 눈에 띄게 작성해야 한다.

3. 체험단 포스팅 링크 전달하기

체험단 리뷰 포스팅을 마친 후 마지막으로 해야 할 일은 체험단 포스팅 링크를 업체에 전달하는 것이다. 네이버 블로그 비밀 댓글로 링크를 남기거나 카카오톡, 밴드를 통해 링크를 전달하기도 한다.

리뷰 기한을 지키지 않으면 추후 체험단 선정 시 불이익을 받을 수 있기에 반드시 리뷰 기한 이내에 링크를 전달해야 한다.

블로그 글쓰기를 통해 제2의 인생을 살다

블로그를 하고 나서 삶이 조금씩 바뀌기 시작했다. 블로그를 시작하기 전에는 취업밖에 몰랐고 평범하게 사는 것이 목표였다. 우물 안 개구리였던 것이다. 블로그를 통해 더 큰 세상을 알았고 인생을 배웠다. 세상은 혼자가 아닌 함께 살아가는 것이라는 것을 깨달았다.

우연히 시작한 블로그 글쓰기로 인생이 바뀌었다. 우연한 순간이 인생의 터닝포인트가 된 것이다. 블로그 글쓰기를 통해 과거의 아픈 상처를 치유했다. 과거에 있었던 아픈 상처를 블로그에 기록하니 블로그 이웃들이 많은 격려를 해주었다. 블로그는 아픔을 치유하기도 한다는 것을 알게 되었다.

현재 디지털노마드로 살아가고 있다. 책을 쓰는 작가이기도 하고 강의를 하는 강사이기도 하며 콘텐츠를 만드는 콘텐츠 크리에이터이기도 하다. 중요한 것은 모든 것이 블로그 글쓰기에서 시작되었다는 것이다. 블로그 글쓰기가 아니었다면 책을 집필할 수 없었고 강의를 하지도 못했을 것이다. 인생에서 주어지는 많은 기회도 잡기 힘들었을 것이다.

블로그 글쓰기를 꾸준히 하다 보니 책을 집필할 수 있겠다는 자신감이 생겼다. 비교적 부담이 적은 전자책을 작성하고 재능 마켓에 판매해서 돈을 벌었다. 평소에 블로그 글쓰기를 꾸준히 했기 때문에 전자책 작성하는 것은 크게 어렵지 않았다.

전자책으로 돈을 벌다 보니 강의도 하고 싶어졌다. 전자책에 있는 내용을 참고해서 PPT를 만들었다. 교안 만드는 시간이 단축되었고 PPT 만드는 것이 훨씬 수월했다. 처음에는 부담이 적은 일대일 컨설팅을 했고 이후에는 부산의 기관에서 강의를 하기도 했다. 어릴 때 교사가 꿈이었는데 꿈을 이룬 것이다. 비록 국어, 영어, 수학 교사는 아니지만 블로그 강사가 되었기에 만족하는 삶을 살고 있다.

가끔은 블로그를 하지 않았다면 인생이 어떻게 흘러갔을까 생각을 해본다. 생각만 해도 아찔하다. 원하지 않는 곳에 취업을 해서 일하거나 취업조차 하지 못했을 수 있다. 지금은 이런 걱정을 할 필요가 없다. 블로그라는 든든한 지원군이 있기 때문이다.

블로그로 제2의 인생을 살게 되었다. 무엇보다 블로그를 통해 나도 할 수 있다는 자신감을 얻었다. 자신감은 앞으로 남은 인생을 살아가는데 큰 자양분이 될 것이다.

블로그로 제2의 인생을 살고 싶다면 블로그 글쓰기를 꾸준히 지속하는 것이 중요하다고 알려드리고 싶다. 당장 원하는 결과가 안 나온다고 한 달, 두 달 하고 말 것이 아니라 꾸준히 감사하는 마음으로 블로그 글쓰기를 한다면 분명 인생에서 다양한 기회들이 찾아올 것이다. 그 기회를 놓치지 않았으면 좋겠다. 인생에서 보물을 찾는 사람은 기회의 진가를 알아보는 사람이다.

하루의 많은 일과 중에 블로그 글 쓰는 시간이 가장 즐겁다. 특히, 아침에 블로그 글을 쓰면 그 날 하루가 기분이 좋다. 블로그 글쓰기를 자유롭게 할 수 있기에 축복받은 사람임에 틀림없다. 블로그 글쓰기는 한 사람의 인생을 바꾸기에 충분하다. 포기하지 않고 꾸준히 블로그 글쓰기를 한다면 분명 기회는 찾아올 것이다.

마지막으로 운명처럼 블로그를 알아봐 주신 와우라이프 출판사 대표님과 책이 나올 수 있도록 도움을 주신 편집장님, 그리고 늘 곁에서 응원해주신 블로그 이웃 분들, 힘든 순간마다 잘 할 수 있다고 격려해주는 가족과 친구, 지인들에게 감사의 인사를 전한다.